스페인 별빛 아래
꼴라주 살롱

스페인 별빛 아래
꼴라주 살롱

홍종희

행복우물

CONTENTS

프롤로그 10

#1 스페인&포르투갈 갭 이어(Gap Year)는 피칭부터 15

#2 여행의 룰부터 정하자! 따로 또 같이! 21

#3 굿바이 코로나! 드디어 여행 시작! 31

#4 마드리드, 프라도 미술관의 원 포인트 관람 39

#5 공개 화형식의 역사, 플라자 마요르 51

#6 나폴레옹에 맞선 마드리드 시민 혁명, 푸에르타 델 솔 63

#7 스페인 역사의 기록가, 화가 고야 …… 71

#8 스페인의 맛, 마드리드 도보 여행! …… 77

#9 펠리스 나비다&새해 축제 …… 87

#10 톨레도, 중세도시의 기사 …… 101

#11 플라멩코의 강렬한 매혹, 세비야 …… 115

#12 세비야, 투우의 고장 '정열의 에스파냐' …… 127

#13 아름다운 세비야의 밤, 산타크루즈 타파스 바 …… 141

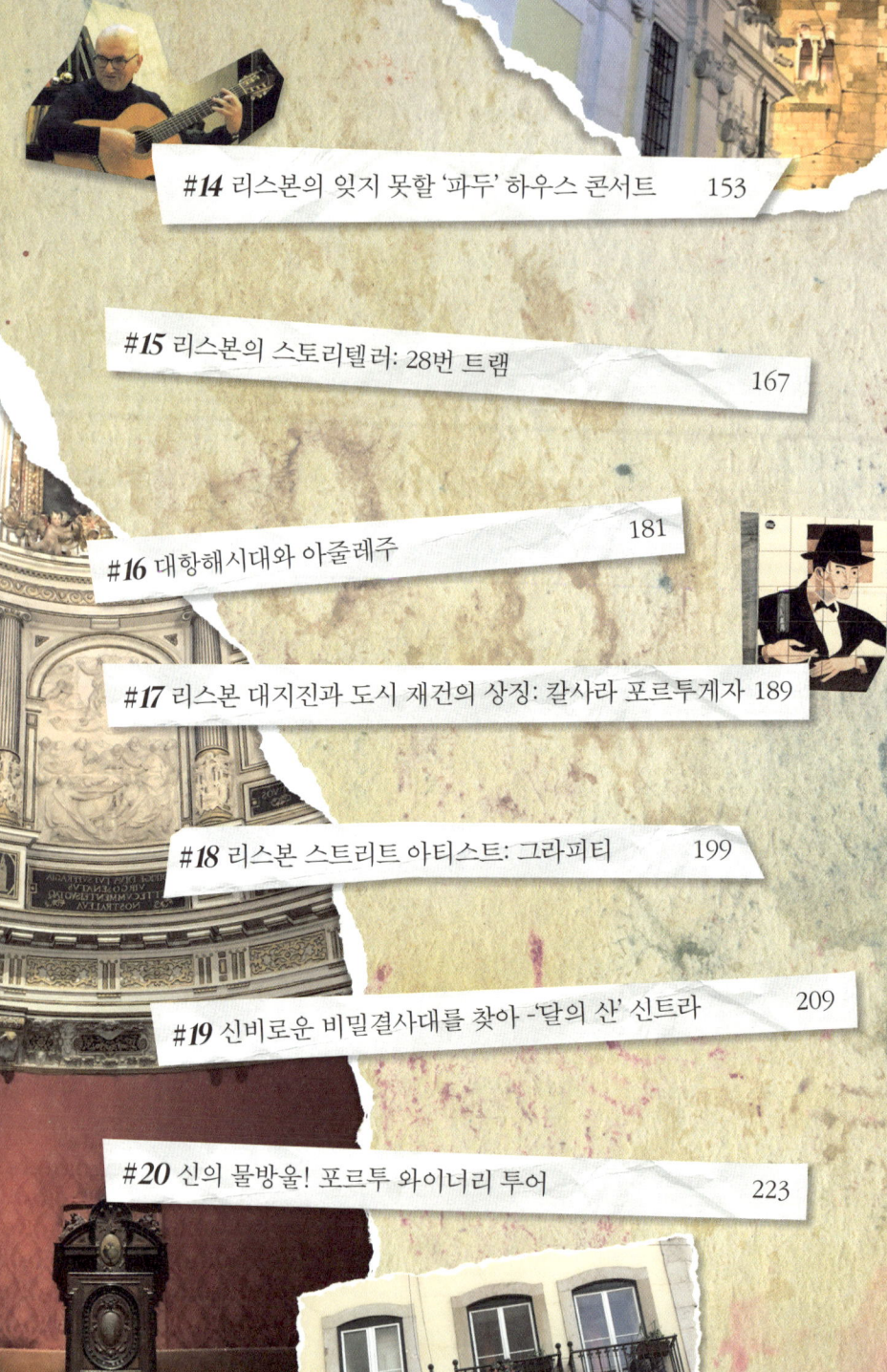

#*14* 리스본의 잊지 못할 '파두' 하우스 콘서트　　153

#*15* 리스본의 스토리텔러: 28번 트램　　167

#*16* 대항해시대와 아줄레주　　181

#*17* 리스본 대지진과 도시 재건의 상징: 칼사다 포르투게자　189

#*18* 리스본 스트리트 아티스트: 그라피티　　199

#*19* 신비로운 비밀결사대를 찾아 -달의 산 신트라　　209

#*20* 신의 물방울! 포르투 와이너리 투어　　223

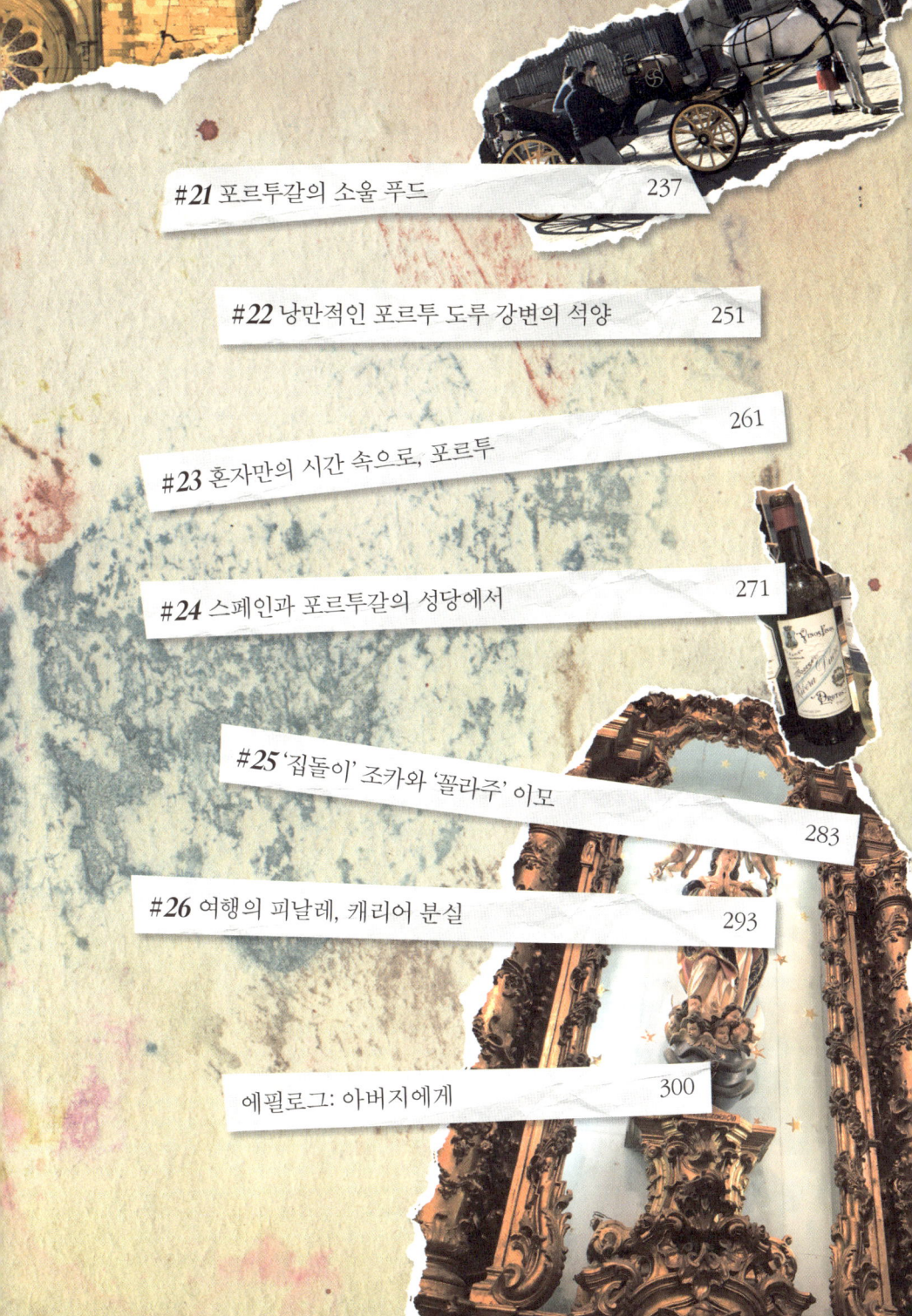

#*21* 포르투갈의 소울 푸드　　　　　　　　237

#*22* 낭만적인 포르투 도루 강변의 석양　　　　251

#*23* 혼자만의 시간 속으로, 포르투　　　　261

#*24* 스페인과 포르투갈의 성당에서　　　　271

#*25* '집돌이' 조카와 '꼴라주' 이모　　　　283

#*26* 여행의 피날레, 캐리어 분실　　　　293

에필로그: 아버지에게　　　　300

그리운 나의 아버지이자
재화의 할아버지에게

Prologue.

스페인 벨렘 아래쪽 리스본 상공

드디어 오랜 직장인의 삶에 작별을 고하고 아티스트이자 창업가로서의 새로운 여정을 시작했다. 그 첫걸음으로, 퇴사 후 100일 만에 세 권의 책을 세상에 선보였다. 이제 나는 아티스트이자 꼴라주 스토리 코칭 브랜드의 창업가로 제2의 인생을 살고 있다. IMF와 코로나를 잘 넘겨낸 안정적인 삶이었지만, '마음의 행복'이라는 산 앞에서 발걸음을 멈추었다. 그 산은 내게 정복의 대상이 아니었다. 그 산자락에서 발견한 고요한 호수에서 자유롭게 노닐고 싶었다. 자유로운 창작과 자기주도적인 삶이라는 맑은 호수에서 내 인생의 모토 "삶의 즐거움(Joie de Vivre)"이 윤슬처럼 아름답게 빛나고 있었다.

퇴사 직후 전라남도 강진으로 향했다. 2주간 매일 아침 전라병영성과 연꽃 핀 저수지를 거닐며, 새로운 에너지를 얻었다. 병영북카페에서 아침 식사를 하고, '아티스트 웨이'를 낭독하며 나를 깨웠다. 낮에는 창작공간에서 새로운 시작을 그려나갔다. 해 질 녘에는 강진만 해안도로를 따라 드라이브하며 마음을 비웠다. 가끔 차밭에서 은은한 차향과 바람도 느꼈다. 밤하늘에 쏟아지는 별빛 아래서 나는 미완의 꿈들을 마주했다. 완벽을 추구하느라 멈춰두었던 첫 책, 그리고 그 뒤에 이어질 이야기들. 테크 기업에서 경험한 '완벽보다 중요한 것은 완성'이라는 배움을 바탕으로, 나는 퇴사 후 100일 프로젝트를 시작했다.

첫 결실은 코로나 시기의 위로가 되어 준 재즈 뮤지션들의 이야기를 담은 독립출판 아트북 [재즈 헤어: 컬러풀 재즈 트래블]이었다. 이어서 내면의 아이를 만나는 여정을 꼴라주로 표현한 영어 그림책 [Finding CALA: A Collage of Colors, Memories, and Dreams]를 아마존 전자책으로 출간했다. 그리고 마지막으로 이 [스페인 별빛 아래 꼴라주 살롱]을 완성했다.

이 책은 스페인 화가 고야와 함께 한 마드리드 광장의 화형식, 톨레도 중세 골목에서 만난 돈키호테, 세비야의 정열적인 플라멩코를 담았다. 대서양을 건너 리스본의 대지진을 경험하고, 신트라의 동화 같은 궁전을 거쳐 포르투의 와인 계곡에 이르기까지, 스페인과 포르투갈의 숨은 이야기들을 찾아 나섰다.

각 도시마다 숨겨진 역사와 문학, 예술의 스토리를 발굴하며, 이모와 조카의 좌충우돌 여행 에피소드를 녹여냈다. 이 책을 통해 건축을 사랑하는 이성적인 조카의 섬세한 카메라 렌즈와, 예술을 품은

감성적인 이모의 꼴라주 아트가 만난 창의적인 시각적 내러티브를 들려주고 싶었다.

　오늘, 이 책이 세상에 나오는 날은 조카가 군 복무를 마치는 날이기도 하다. 20년을 기다려온 약속의 실현이자 Gap Year의 아름다운 기록인 이 책은 조카 '재화'에게 보내는 새로운 시작의 선물이다.

프롤로그

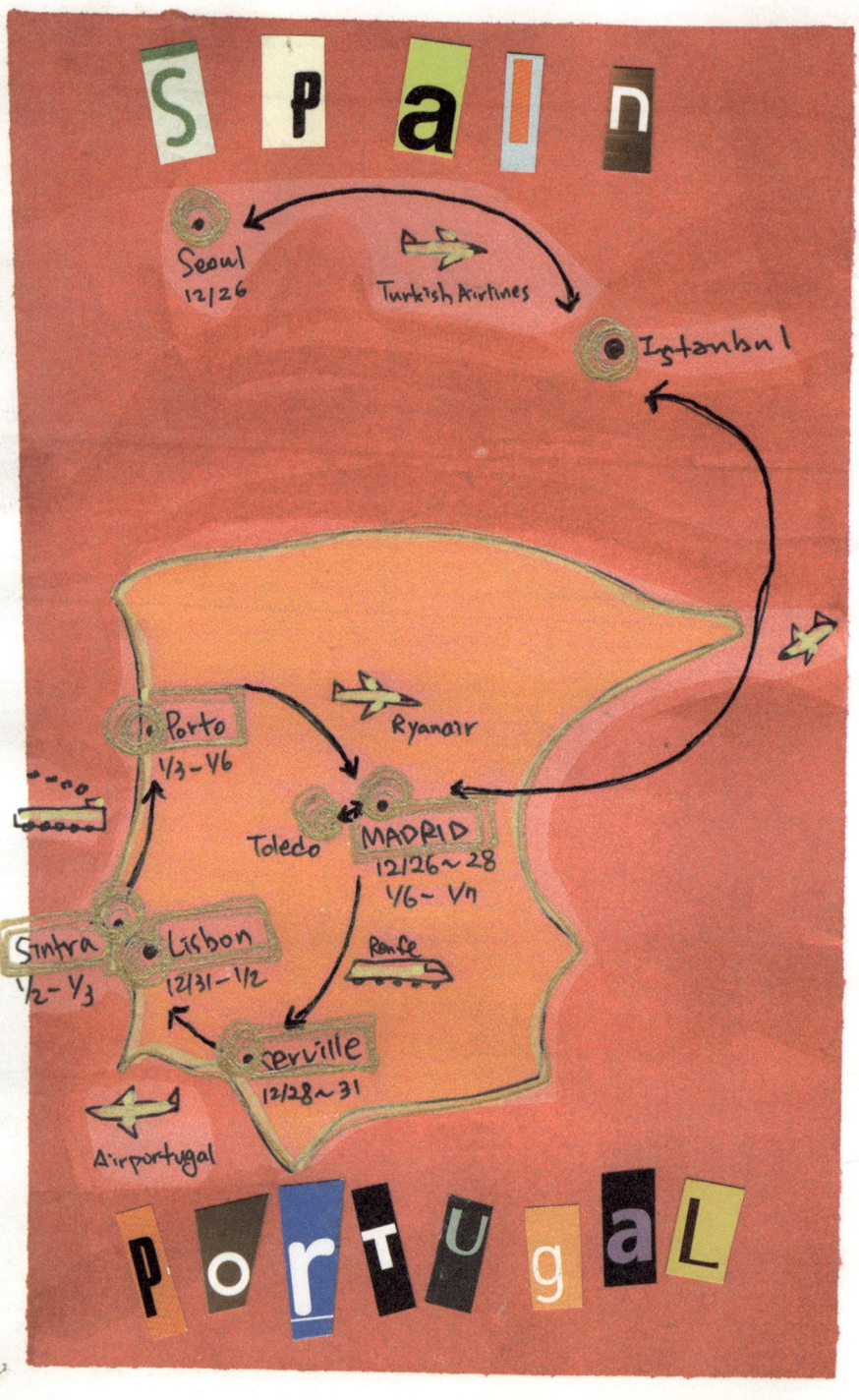

#1
스페인&포르투갈
갭 이어(Gap Year)는
피칭부터

"이모, 나 군대에 가기 전에 함께 유럽여행을 가야죠."

어느 날 걸려온 조카 재화의 전화. 그 한 마디에 20년 전 약속이 소환되었다.

"조카들, 용돈을 열심히 모아라. 그리고 고등학교 졸업 기념으로 이모랑 유럽 배낭여행을 가자."

20년간 네 명의 조카들에게 수 없이 말했다. 세월이 흘러 첫 조카가 대학교 합격을 했지만, 코로나로 인해서 아쉽게도 여행을 떠날 수 없었다. 이대로 20년 장기 프로젝트가 불발되는구나 싶었다. 그런데 조카가 1학년을 마치고 군 입대를 앞둔 시점에, 마침내 코로나가 잦아들면서 해외여행이 다시 열렸다. 기다리던 그때가 왔다.

"그래, 가자!"

성 어거스틴은 "세상은 책이며 여행을 하지 않는 사람은 단 한 페이

지밖에 읽지 못한다."라고 했다. 우리는 함께 세상을 읽을 마음을 먹었다. 이제, 실행이다.

　이모와 조카의 유럽여행은 계획을 세우는 과정이 가장 즐거웠다. 회사 일정과 군 입대일을 고려하니, 극성수기인 12월 말-1월 초 2주간 여행이 확정됐다. 이제 지도와 가이드북, 온라인 여행 정보들을 검색하면서 여행지를 결정할 차례다. 여행 국가와 도시, 비행기 입국과 출국지, 어떤 경험을 하고 싶은지 결정하는 과정이 흥미진진한 드라마 같았다. 때로는 대치, 때로는 대동단결. 피칭과 밀당의 과정이었다.

　조카는 북유럽 건축 여행을 원했다. 추운 여행은 질색인 이모는 유럽 이상기후 뉴스를 공유하며 따뜻한 나라로 가자고 조카를 설득했다. 후보지 중 비행기 가격이 싼 크로아티아와 스페인 사이에서 마지막까지 고민했다. 크로아티아 해안가를 따라 자동차 휴양여행을 선호하는 이모, 스페인과 포르투갈을 한꺼번에 경험하는 관광여행을 원하는 조

카. 서로 여행지의 매력을 피칭을 하다가, 결국 첫 유럽 배낭여행을 떠나는 조카의 손을 들어줬다. 스페인의 마드리드로 입성해서 세비아에서 진짜 스페인을 경험하고, 국경을 넘어 포르투갈의 리스본, 신트라, 포르투를 거쳐 다시 마드리드에서 서울로 돌아오기로 결정했다.

여행 전 몇 차례의 합숙과 줌 미팅으로 저가 비행기와 기차, 버스 예약과 여행자 보험, 국제학생증 신청까지 일사천리로 진행을 했다. 특히 공을 들인 건 숙소 예약이었다. 숙소에 민감한 조카를 고려해서 편안한 휴식과 현지인의 생활을 경험할 수 있는 다양한 숙소의 옵션을 검토했다. 함께 경험할 현지의 문화체험도 잊지 않고 미리 챙겼다.

즉흥적인 여행스타일의 이모와 너무 다른… 모든 숙소와 이동 교통편까지 예약을 해야 하는 계획형 조카 덕분에 이모는 끊임없이 울리는 카드 결제 문자 알림소리에 정신이 없었다. 그래도 구글 덕에 여행 일정과 비용, 예약 캡처본까지 다 정리해서 서로 공유하며 차곡차곡 여행을 준비했다. 이모조카의 '갭 이어'가 시작된다.

Culture Tips!

 문화탐방 여행의 모델: 갭 이어&그랜드 투어

갭이어(Gap Year)
고등학교 졸업 후 대학 진학 전 기간에 자아 발견, 사회 경험, 자원봉사 등을 위한 여행. 보통 6개월에서 1년 정도 다양한 문화와 사람들을 접하며 삶의 방향성과 진로를 찾는다.

그랜드 투어(Grand Tour)
17세기 중반부터 19세기 초까지 영국의 상류층 귀족들은 자녀를 사회에 나가기 전에 프랑스와 이탈리아로 장기 여행을 보냈다. 보통 2~3년 동안 가정교사와 함께 학문적 교육과 문화적 경험을 쌓는다.

 해외여행 준비를 위한 팁!

- ✓ 여행 목적지는 여행 취향, 날씨, 예산을 고려해서 결정하기.
- ✓ 출발 전 여행자 보험, 환전, 해외 로밍서비스 가입하기.
- ✓ 여행 일정을 여유 있게 짜고, 도시간 교통편과 숙소는 사전 예약하기.
- ✓ 기후에 맞는 옷, 비상약품, 충전기, 멀티 어댑터 등 필수 물품 준비하기.

비상 연락처(현지 대사관) 및 중요 서류(여권/호텔 예약) 카피본 (사진 캡처) 챙기기.

 여행자를 위한 명언

"매년 한 번은 가보지 않은 곳에 가라."
- 달라이 라마 -

"가장 위대한 여행은 내적 여행이다."
- 알버트 아인슈타인 -

"여행은 영혼의 아름다운 것을 발견하게 해주는 가장 위대한 스승이다."
- 알폰스 드 랑베르트리 -

 '우당탕탕' 여행 에피소드

네 명의 조카. 이 중 유럽 배낭여행을 떠날 정도로 용돈을 모은 조카는? 성실한 FM 스타일의 첫째 조카가 유일하다. 20년 장기 프로젝트는 성사율 25%로 종결될 거 같다. 그런데, 미련 많은 이모는 아직도 실낱같은 기대를 안고 있다. 희선, 지호, 정현아. 이모, 기다릴까?

#2
여행의
룰 부터 정하자!
따로 또 같이!

조카와의 2주간 유럽 배낭여행이 과연 평화로울 수 있을까? 재미는 있을까? 서로 다른 성향 때문에 의견 충돌이 일어날 것 같아 걱정도 됐지만 그보다는 20년 프로젝트가 드디어 실현된다는 설렘이 더 컸다. 유럽을 여행중인 모습을 상상하며 우린 여행의 룰부터 정해보기로 했다. 여행 전 피칭에 이어 룰을 만드는 시간 또한 유쾌한 밀당의 연속이었다.

1. 비용은 ½씩 분담한다.

20년 장기 프로젝트의 원칙 중 하나는 자립이었다. 용돈을 모아 여행 경비를 준비한 조카만 함께 할 수 있다는 원칙이다. 비행기와 호텔비는 반씩 부담하기로 했다. 막상 예산을 짜 보니 소소한 현지 비용은 그때그때 달라질 것 같아 추가 룰을 만들었다.

2. 현지비용은 역할을 분담한다.

식사비용은 이모가 내고, 관광지 입장료와 교통비는 조카가 부담하기로 했다. 이 과정에서 조카의 귀여운 밀당이 들어온다. "그래도 이모가 직장도 다니는 데, 근사한 현지 맛집 한두 번은 이모가 쏘시는 거 어때요?", "그럼~, 그러면 현지 맛집은 재화가 검색해서 찾아줘."

3. '따로 또 같이' 여행한다.

2주 동안 모든 일정과 관심사가 일치할 수는 없다. 이모는 한적한 재즈카페에서 느긋한 여유를, 조카는 유적지와 현지 건축을 보는 도시 탐험에 더 매력을 느꼈다. 그래서 서로의 스타일을 존중하고, 중간중간 각자 시간을 갖기로 했다. 가끔은 따로 여행하고 저녁에 합류해 서로의 하루를 공유하며 이야기를 나누기로 했다.

4. 짐은 가볍게!

한 사람당 기내용 캐리어 하나, 간편한 데일리 배낭 하나로 짐을 줄이기로 했다. 짐이 가벼워야 여행도 가볍다. 첫 배낭여행이라 챙길 게 많아 보이는 조카에게 "재화야, 잘못하면 저가항공 티켓을 끊고 비싼 추가 비용을 낸다. 대충 쓰다 버릴 걸 챙겨라." 신신당부를 했다.

이렇게 항의를 끝내고, 우린 드디어 여행 준비를 마쳤다.

Culture Tips!

니체가 말하는 여행자 5등급

1등급 관광객(Tourist)
여행 목적이 즐거움과 오락에 국한되고, 깊이 있는 경험이나 이해가 없는 단계.

2등급 탐험가(Explorer)
새로운 장소를 탐험하고, 지역의 문화와 사람들을 경험하려는 의지를 가진 단계.

3등급 사색가(Contemplator)
여행 중에 깊은 사색을 하며, 자신과 세계를 성찰하는 단계. 여행은 내면의 성장을 위한 중요한 과정이다.

4등급 창조자(Creator)
여행을 통해 얻은 경험과 통찰을 바탕으로 새로운 것을 창조하거나 삶에 변화를 가져오는 단계.

5등급 철학자(Philosopher)
여행을 통해 인생의 의미와 존재에 대한 깊은 이해를 추구하는 단계.

동행과 떠나는 여행을 위한 추천 룰

잠깐 이별
모든 일정을 함께할 필요는 없다. 취향대로 반나절이나 며칠간 따로 여행을 하고, 다시 만나 이야기를 나누면 더 반갑다.

예민하면 멈춤
피곤하거나 배고프면 다툴 수 있다. 의식적으로 여유를 갖고 지금 상황을 넘겨보자.

프리 데이
바쁜 일정으로 지칠 수 있다. 중간에 프리 데이를 넣어 피로를 풀자.

비용은 미리 합의
돈 문제는 의외로 민감하다. 미리 정해두면 마음이 상하지 않는다.

명확한 소통과 빠른 결정
서로간 명확한 커뮤니케이션과 빠른 결정이 필수!

역할 분담
여행 전반에서 각자 역할을 나누면 서로 부담이 준다.

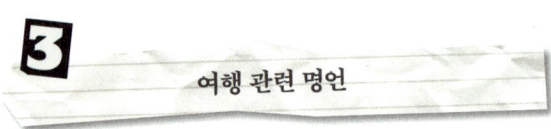
3 여행 관련 명언

"여행은 당신을 더 부유하게 만드는 유일한 소비이다"
- 작가 미상 -

"여행은 당신의 기억과 의식, 마음, 그리고 신체에
흔적을 남겨요."
- 안소니 부르댕 -

4 '우당탕탕' 여행 에피소드

'여행 고수' 털털한 이모의 짐 싸기 스타일은 '여행용 짐은 기내용 캐리어로 충분하다.' 버릴 옷을 가져간다. 가방은 ½만 채우고, 귀국할 때 현지에서 구매한 물건들을 담아온다. '여행 초보자' 꼼꼼한 조카의 짐 싸기 스타일은 '부족함이 없어야 한다.' 모든 물품을 차곡차곡 담고, 소분해서 꽉꽉 채운다. 짐 싸기에도 각자의 개성이 나온다.

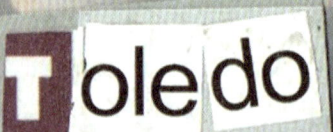

#3
굿바이 코로나!
　　　드디어 여행 시작!

"드디어 D-Day다."

이모-조카의 유럽 여행이라는 드림 프로젝트가 현실이 되는 순간이다. 무탈한 여행을 기원하며 형제자매들과 조카들이 집에 모였다. 10명이 넘는 대가족이 돌아가면서 한 마디씩 한다. "몸 조심히 다녀와요.", "아프지 말고, 싸우지 말고.", "짐 잘 챙기고.", "조카 잘 챙기고, 이모 말 잘 듣고.", "자주 연락해요.", "여권은? 환전은?" 넘치는 애정에 귀가 따갑다.

자정의 인천국제공항은 낮처럼 북적거리지 않았다. 체크인 카운터에서 수하물을 맡기는데 첫 번째 난관에 봉착했다. 기내용 캐리어만 가져가는데 조카의 짐이 터키항공의 수하물 용량 초과다. 다행히 여행 고수 이모는 캐리어를 반밖에 안 채워와서 나눠서 무게를 달았더니… 통과! "조카, 이모한테 여행 팁 한 수 배웠다~ 이모만 믿어!"

서울-이스탄불-마드리드로 이어지는 총 18시간 10분의 비행. 여행의 설렘을 안고 창가에 앉은 조카는 비행기 창밖의 구름 풍광을 핸드폰으로 몇 장 촬영하더니, 시크하게 숙면 태세에 들어갔다. 이모는 코로나 이후 오랜만에 맛보는 기내식이 감격스럽다. 예전 같았으면 남겼을 기내식이 이렇게 그리운 맛일 줄이야. 기내 최신 영화를 정주행하면서 문득 깨달았다. "Travel is Back".

그런데, 이스탄불 공항은 '여행은 아직 100% 돌아오지 않았다'고 말한다. 한때 세계적인 허브공항 다운 활기가 사라졌다. 코로나가 앗아간 것은 여행객뿐만이 아니었다. 수많은 여행업계 종사자들의 일자리도 함께 사라졌다. 그 여파가 텅 빈 공항 라운지에서 느껴졌다.

그 즈음 뉴스에 자주 보도된 유럽 공항의 수하물 분실 사태를 걱정했던 이모는 터키항공에서 어메니티로 받은 빨간 기내용 양말을 검은색 캐리어에 매달았다. "검정에 빨강. 눈에 확 띄는군. 음~ 좋아."

"이모, 내 가방은 괜찮아요. 내가 잘 챙길게요!"라며 빨간 양말을 거절하던 조카의 모습이 생생하다. 여행 고수인 이모 말을 안 들은 조카가 나중에 후회하게 될 줄은… 이때는 몰랐다.

드디어 마드리드 공항에 도착했다. 오랫동안 꿈꿔왔던 이모조카의 모험이 이제 막 시작된다.

Culture Tips!

 기내용 캐리어 무게

대부분 항공사의 기내용 캐리어는 1개로 허용 무게는 10kg이다. 저가 항공사의 경우 일부 노선이나 요금제에 따라 규정이 다를 수도 있으니, 사전에 확인이 필요하다.

 여행 짐 싸기 팁!

- ✔ 여행 준비물 리스트를 만들어서 꼼꼼하게 체크하기.
- ✔ 옷은 돌돌 말아서 싸거나 진공 압축팩 이용하기.
- ✔ 가방 안 틈새 공간도 촘촘하게 채우기.
- ✔ 터질 수 있는 액체는 밀봉하기.
- ✔ 가벼운 여행 가방으로 무게 줄이기.
- ✔ 출발 전 짐 무게 체크하기.

여행을 떠나야 하는 이유

"여행은 모든 세대를 통틀어 가장 잘 알려진 예방약이자 치료제이며 동시에 회복제이다."
- 대니얼 드레이크 -

"여행은 정신을 다시 젊어지게 하는 샘이다."
- 한스 크리스티안 안데르센 -

 '우당탕탕' 여행 에피소드

조카의 캐리어는 요술 가방이다. 진공팩과 지퍼락에 매일 소모하는 화장품과 목욕용품을 날짜별로 챙겨왔다. 실내용 슬리퍼도 2인용, 심지어 세탁용 세제와 섬유 유연제까지 세트로 소분했다. 감탄이 절로 나온다. 우리 조카는 엄마를 많이 닮았구나. 아니, 아들을 향한 엄마표 사랑의 표시인가?

프라 안젤리코
수태고지
전시실 56B

보쉬
쾌락의 정원
전시실 56A

고야
카를로스 4세 가족
전시실 32

루벤스
미의 세 여신
전시실 29

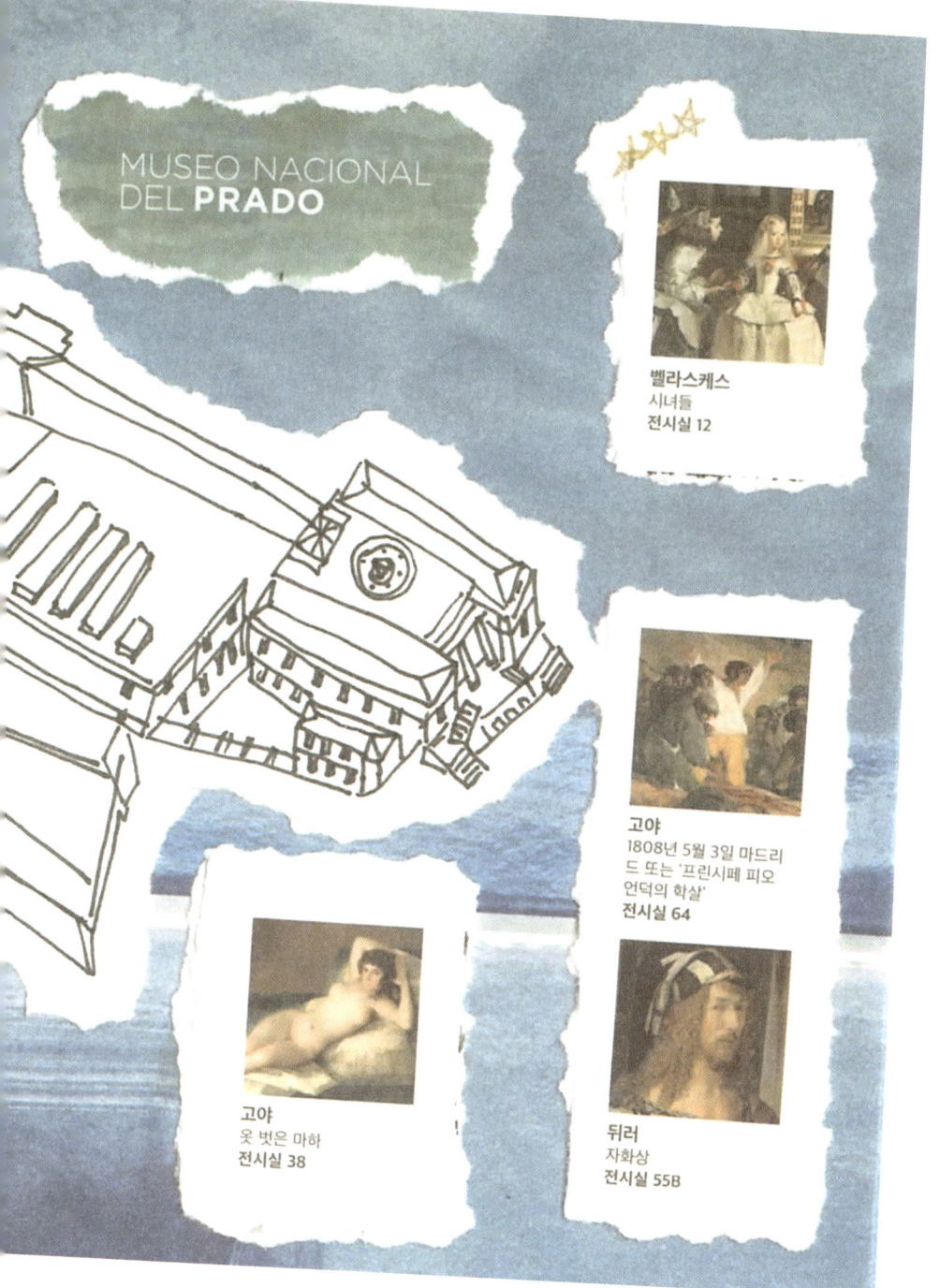

MUSEO NACIONAL DEL PRADO

벨라스케스
시녀들
전시실 12

고야
1808년 5월 3일 마드리드 또는 '프린시페 피오 언덕의 학살'
전시실 64

고야
옷 벗은 마하
전시실 38

뒤러
자화상
전시실 55B

#4
마드리드,
프라도 미술관의
원 포인트 관람

"잠이 '확~' 달아났다."

넷플릭스의 다크한 독립영화를 연상케 하는 광경이 눈앞에 펼쳐졌다. 세계 3대 미술관 중 하나인 프라도 미술관이 품은 작품은 인간 존재의 본질을 파고드는 충격적인 진실이었다.

'이 광경을 500년 전 화가가 상상했다고?'. 인간의 원죄와 욕망이 폭발한 기괴한 광경들. 프라도 미술관에서 내 마음을 단번에 사로잡은 작품은 시대를 앞선 히에로니무스 보스의 [쾌락의 정원]이다. '파격적이다! 충격적이다!'라는 평이 저절로 나온다.

화가가 10년 동안 그려서 완성한 3폭짜리 병풍화는 순서대로 천지 창조, 인간세상, 지옥이 묘사됐다. 신이 창조한 아담과 이브가 원죄를 짓고 에덴동산에서 쫓겨난다. 육욕과 환락에 빠진 인간들이 결국 지옥에서 심판을 받는 모습이다. 보통 관객들은 회화작품을 정면에서 거리를 두고 관람한다. 그런데 이 작품은 관객들이 왼쪽부터 오른쪽

으로 서서히 이동하면서 본다. 사람들은 몸을 기울여 디테일하게 숨겨진 상징들을 찾는다. 내 픽은 인간 세상과 지옥이다. 중앙의 넓은 화폭에 그려진 인간 세상. 거대한 과일 속에서 벌이는 광란의 춤판, 하늘과 땅의 경계를 무시한 생명체들, 대자연 속에서 뒤엉켜 육욕에 빠진 인간들의 모습이 펼쳐진다. 지옥에선 수녀복을 입은 돼지가 인간을 위협하고, 거대한 부리를 가진 괴물이 인간을 삼키고 신체 부위 등을 배설한다. 쾌락을 상징하는 악기로 고문당하는 죄인들과 불바다 속으로 뛰어드는 사람들. 미쳤다. 그런데 이 스토리가 익숙해서 소름이 끼친다. 매일 뉴스와 SNS를 통해서 접하는 지금 세상의 현실과 겹치기 때문이다. 인간의 폭주하는 욕망과 가짜 뉴스가 판치는 세상, 광기 어린 군중심리, 무서운 기후변화와 전쟁의 위협. 세상의 종말, 지옥을 향해 폭주하는 어리석은 인간의 죄가 다 담겨있다. 우리는 어쩌면 이미 지옥의 문턱을 넘어선 것인지도 모른다.

이 작품의 반전은 병풍을 닫으면 드러난다. 천지창조와 지옥을 담은 화폭을 닫으면, 병풍 뒤편에 또 다른 그림이 등장한다. 카오스로 가득한 앞면과 달리, 지구의 동그란 형태에 하늘, 땅, 바다가 담긴 평화로운 우주가 어두운 톤으로 펼쳐진다. 그리고 왼쪽 상단에 조그맣게 이 세상을 창조한 신이 그려져 있다. 전지적 신의 관점에서 바라보면, 인간의 광기는 결국 우주의 한 순간일 뿐이라는 메시지를 담은 것일까?

'시대를 앞선 독창적인 상상력의 소유자인 천재의 삶이 평탄했을 리 없다?'라고 생각한다면 오산이다. 그는 화가로서 평범한 삶을 살았다. 네덜란드 화가 집안에서 태어나 부유한 집안의 딸과 결혼해 평생 평탄하게 살았다. 그런데 어떻게 이런 상상력을 발휘했을까? 그는 경건한 기독교 신자이자 도덕주의자였다. 주로 인간의 어리석음과 죄악을 풍자한 종교적인 그림을 그렸다. 그는 그로테스크한 작품으로 신에게 용서를 구하라는 메시지를 전달한 작가였다.

스페인 여행 첫날. 현지인 안내 미술관 트립을 이용했다. 건축을 좋아하는 조카와 그림을 좋아하는 이모의 취향을 모두 만족한 선택이다. 프라도미술관은 '화가들의 미술관'이라고 불린다. 미술전공자와 함께 세계 3대 미술관 중 하나인 프라도미술관에서 8천 6백점 중 꼭 봐야 할 작품 위주로 족집게 과외를 받았다. 확실히 미술관을 대충 훑어보는 것보다 몇 작품이라도 배경 스토리를 들으니, 집중해서 흥미롭게 작품을 감상할 수 있었다.

이모 픽인 '쾌락의 정원'과 정반대되는 조카의 픽은 궁정화가 벨라스케스의 '시녀들'이다. 조카는 평범한 그림 속에 숨겨진 화가의 의도가 재밌었다고 한다. 원래 궁정화가의 역할은 왕족들의 초상화를 그리는 거다. 근데 이 작품은 제목부터 '시녀들'이다. 실제 주인공도 누군지 모르겠다. 이 작품도 '쾌락의 정원'처럼 관객들이 작품을 바라보는 시각에 질문을 던진다.

벨라스케스는 관객들에게 "당신은 지금 어디에서 이 작품을 보고 있나요?"라고 묻는다. 그림을 바라보는 시점에 따라서 그림 속의 진정한 주인공이 달라지며, 그들이 관객을 쳐다보는 희한한 경험을 하기 때문이다. 화가는 주인공인 마르가리타 공주와 시녀들, 난쟁이, 개를 같은 무게로 다뤘다. 화가인 본인을 또 다른 주인공처럼 두고, 왕과 왕비는 거울에 비친 조연으로 그렸다. 여기엔 평범한 궁정화가에 만족하지 않고, 귀족이 되고자 했던 화가의 야욕이 그대로 드러난다. 흥미로운 건 후일 귀족의 지위를 얻은 후, 자신의 옷에 귀족 상징을 더해 그렸다는 점이다.

기괴한 상상력과 넘치는 야욕이 불러일으킨 격정을 잠재우는 진정제 같은 작품을 만났다. 수도사인 프라 안젤리코가 그린 종교화 '수태

고지'는 영적 평화를 전해준다. 대천사 가브리엘이 동정녀 마리아에게 나타나 하느님의 은혜를 입어 예수님을 잉태함을 예고하는 장면이다. 이 소식을 전하는 대천사 가브리엘이 보이는 공경의 태도, 두 팔을 가슴에 겹쳐 순종하며 받아들이는 마리아의 모습이 시각적으로 납득이 가게 만든 작품이다. 밝고 맑은 이미지의 비밀은 나무판에 금과 청금석을 갈아서 그린 템페라 방식이다. 14세기 작품이 현대에서도 여전히 색상이 선명하고 아름다워 신비롭다. 그 시대에 이 정도 귀한 재료로 대형 사이즈의 그림을 완성하려면 종교화여야만 가능했다.

프라도 미술관을 몇 시간 내에 다 보기란 불가능하다. 이날 우린 히에로니무스 보스에게서 인간의 지옥행 욕망, 디에고 벨라스케스의 예술가로서의 야망, 프라 안젤리코에게서 구원의 스토리를 들었다. 그렇지만 프라도 미술관에는 아직도 만나지 않은 8천 점이 넘는 작가의 숨겨진 스토리가 많다. 마드리드 여행에서 프라도 미술관만 제대로 봐도 충분한 이유가 여기에 있다.

Culture Tips!

 프라도 미술관에서 관람 가능한 스페인 3대 화가의 대표작

'스페인 회화의 황제' 디에고 벨라스케스
혁신적인 공간 표현, 복잡한 구도와 관람자와의 상호 관계로 유명한 [시녀들]

'스페인 낭만주의의 대표자' 프란시스코 고야
스페인 독립전쟁을 그린 [1808년 5월 3일]

'신비주의의 대가' 엘 그레코
최고의 수작으로 꼽히는 초상화 [가슴에 손을 얹은 기사의 초상]

 프라도 미술관 무료 관람법

빠르게 무료 관람을 희망하는 배낭여행자라면, 매일 폐관 2시간 전부터 무료로 이용 가능한 찬스를 활용하자.

 마드리드의 3대 미술관

도보로 이동 가능한 거리에 있어, '아트워크(예술의 길)'로 불린다.

프라도 미술관

세계 3대 미술관 중 하나로 유럽 미술의 보고이다. 16~19세기 유럽 대표 화가들의 작품을 방대하게 소장한다. 특히 스페인의 예술 유산을 깊이 있게 이해하기 좋다. 벨라스케스, 고야, 엘 그레코 등의 작품이 전시.

레이나 소피아 국립 미술관

20세기와 현대 미술 작품에 초점을 맞춘 미술관이다. 피카소, 달리, 미로 등 스페인을 대표하는 현대 예술가들의 작품을 만날 수 있다. 특히 피카소의 전쟁 반대 메시지를 담은 '게르니카'는 필수 관람 작품이다.

티센-보르네미사 미술관

시대를 초월하여 4세기부터 21세기까지의 폭넓은 작품을 소장한다. 반 에이크, 렘브란트, 루벤스와 같은 고전 화가에서 반 고흐, 피카소, 모네에 이르기까지 다양한 예술가들의 작품이 한 자리에 있다.

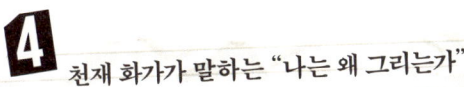

4 천재 화가가 말하는 "나는 왜 그리는가"

"영혼들이 내 머릿속에서 미친 듯이 속삭이기 때문에
나는 그림을 그린다."

– 엘 그레코 –

"예술은 영혼에 묻은 일상의 먼지를 씻어내준다."

– 파블로 피카소 –

파블로 피카소가 말하는 인생

"나는 항상 내가 할 수 없는 것을 한다.
그렇게 하면 그것들을 할 수 있게 되기 때문이다."

"삶 속에서 만난 최고의 유혹이 네가 해야할 일이다."

 '우당탕탕' 여행 에피소드

명화 감상에서도 서로 다름을 발견한다. 감각적인 [쾌락의 정원]에 푹 빠진 이모는 창의적이고 호기심 천국에 시각 자극 추구형이다. 구도 변화에 초점을 둔 [시녀들]에 꽂힌 이성적인 조카는 합리적이고 분석적인데, 청각에 민감하다.

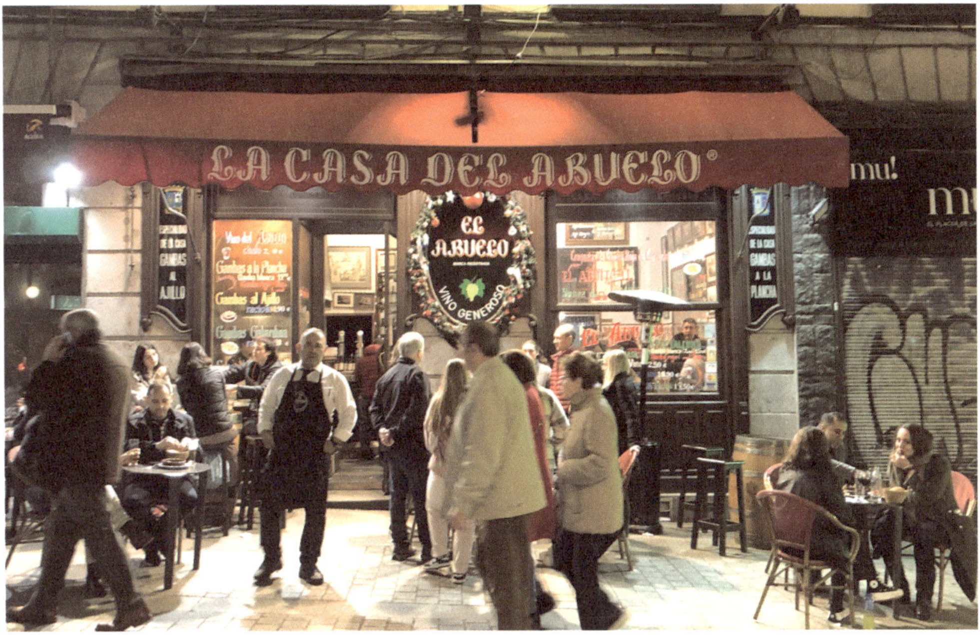
LA CASA DEL ABUELO
EL ABUELO
VINO GENEROSO
Gambas a la Plancha
Gambas al Ajillo
mu!

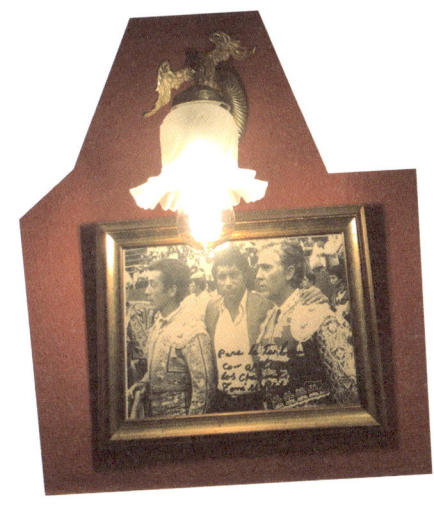

#5
공개 화형식의
역사
플라자 마요르

"그대는 사악한 사상의 살아있는 본보기이다. 성령의 말씀이 거짓이라고 했다. 그러므로 교회는 그대에게 유죄를 선고하며 사형을 선고한다. 그러나 그대가 공개적으로 참회한다면 교회는 자비롭게 그대의 목숨을 살려줄 것이다."

프랑스 군인들과 함께 도망치다 스페인 민병대에 붙잡힌 로렌조 신부는 다시 부활한 마드리드 종교재판소에 끌려왔다. 긴 원뿔 모자와 노란색 죄수복을 입은 그의 두 손은 쇠사슬에 묶여있다. 모든 걸 포기한 로렌조는 사형 판결문을 들으며 마지막 순간을 준비한다. 그리고 다음 장면. 죄수복을 입고 당나귀에 올라탄 로렌조가 광장으로 끌려간다. 광장은 구경꾼들로 가득하다. 군인들과 귀족 여성들은 발코니에서 이 장면을 지켜보고 있다. 함성, 군악대의 음악 소리, 사람들의 기대 어린 눈빛이 광장을 채운다. 군중들 사이에서 고야는 손에 쥔 스케치북에 광장 제단에서 사형을 기다리는 로렌조 신부의 마지막 순간을 그리고 있다. 발코니에 선 장교가 손을 들자, 광장은 순간 침묵에 잠겼다. 그리고 '끼리릭' 소리와 함께 신부의 목을 조르던 철제 사형 기구가 돌아가자, 그의 몸이 움찔거린다. 생명력이 사라진 로렌조의 축 처진 몸은 제단에서 끌려내려져, 초라하게 나무수레에 실려 성 밖으로 사라졌다.

　영화 [고야의 유령]의 장면이다. 이 영화는 스페인 화가 고야의 시선으로, 18세기 스페인 종교재판의 부패와 광기, 그 속에서 희생된 사람들의 이야기를 담는다. 그런데 하비에르 바르뎀이 연기한 로렌조 신부의 일생은 그야말로 드라마틱한 전환의 연속이었다. 초반에는 종교에 비판적인 그림을 전파하는 고야를 교회로부터 보호한다. 그는 예술가를 처단하기 보다, 교회가 더 엄중하게 이교도들을 색출하고 공개적으로 처단하는 데 앞장선다. 이때 고야의 뮤즈인 이네스가 돼지고기를 먹지 않는다는 이유로 고문을 받고 유대교인이라는 거짓 자백을 한다. 로렌조는 딸을 구해달라는 이네스 아버지의 간청을 거부하고, 오히려 소녀를 겁탈한다. 어린 소녀 이네스는 감옥에서 딸을 출산한다. 교회에 의해 쫓겨난 로렌조는 15년 후, 프랑스 혁명에 가담하여 스페인으로 돌아온다. 종교재판소를 폐지한 혁명가가 된 로렌조는 그의 과거가 들통나는 것이 두려워 이네스를 정신병원에 감금하고 자신의 딸을 미국으로 보낸다. 그러나 프랑스군이 스페

인에서 물러나자, 그는 다시 부활한 종교재판소에 의해 처형당한다.

이 영화 한 편에 18세기 스페인의 격정적인 역사가 담겨 있다. 1480년, 카스티야 왕국과 아라곤 왕국이 통합했다. 이사벨 1세와 페르난도 2세는 '가톨릭의 공동 왕'이 되어 800년 동안 이어졌던 이슬람 통치의 흔적을 지우고자 했다. 그리고 유대인을 추방하고, 가톨릭 신앙을 스페인 전역에 퍼트리고자 했다. 수도 마드리드의 플라자 마요르를 무대로 펼쳐진 종교재판과 공개 화형식인 오토다페(auto-da-fé: 믿음의 행위)는 광기와 폭력이 뒤섞인 장면의 연속이었다. 개신교 이단자, 가톨릭으로 거짓 개종한 이슬람교도와 유대교도들은 이 광장에서 '산베니토'라 불리는 노란색 수치의 옷을 입고 종교재판을 받았다. 끔찍한 고문을 동반한 강요된 자백과 처형은 그들의 삶을 빼앗아갔다. 오토다페가 열리면 플라자 마요르는 끔찍한 비명과 역겨운 살 타는 냄새가 가득했고 하늘로 새까만 연기가 오랫동안 타올랐다. 1700년대까지 이어진 종교재판 결과, 44,000여 명이 심문을 받고, 그중 800여 명 이상이 처형당했다.

  마드리에서는 수백 년의 역사가 녹아있는 광장을 중심으로 여행을 했다. 광장에는 그 도시의 숨겨진 역사, 진짜 얼굴이 숨겨져 있기 때문이다. 집단 광기를 담은 종교재판의 역사를 간직한 플라자 마요르는 '스페인의 안마당'이라 불린다. 1619년에 세워진 129m x 94m로 유럽에서 가장 큰 광장 중 하나다. 바로크양식의 4층 붉은 벽돌 건물들로 둘러싸인 사각형 모양으로, 총 237개의 발코니가 광장을 향해 있다. 바로 이 자리에서 두 눈을 감으면 영화 [고야의 유령] 속 종교재판의 현장으로 타임슬립을 할 수 있다. 광장의 9개 아치형 문을 통과하면 주변 거리로 연결된다. 로렌조 신부의 시체가 이 아치형 문을 통과해서 사라졌다. 종교재판 외에도 과거에는 플라자 마요르에서 투우 경기와 국왕 취임식 같은 주요 행사가 열렸다. 세 차례의 화재와 개보수를 거쳐, 현재의 모습으로 완성된 광장의 중앙에는 플라자 마요르 설립을 명령한 필립 3세의 청동 기마상이 있다. 필립 3세는 플라자 마요르에서 일어났던 시대의 광기와 그곳에서 살아남은 마드리드 시민들의 이야기를 품고 오늘도 여행자들의 상상 속에서 달린다.

Culture Tips!

 스페인의 종교재판과 오토다페

15세기 후반부터 19세기 중반까지 지속된 제도다. 유대인과 무슬림, 개신교도들을 대상으로 한 탄압으로 악명 높았다. 이단 혐의자가 고발되면 피고인은 고문을 통해 자백을 강요당했다. 이때 의사, 공증인, 종교재판관들이 배석했다. 유죄 판결을 받으면 화형, 교수형 등의 처벌이 결정됐고 재산은 교회가 몰수했다. 유죄 판결을 받은 사람들은 수치심을 느끼도록 원뿔 모자와 죄수복을 입는다. 특히, 대중 앞에서 실시한 공개 화형 행위인 오토다페가 충격적이다.

 종교재판의 죄수복

죄수복은 '산베니토'라는 긴 튜닉과 '코로자'라는 원뿔 모자로 구성되었다. 주로 노란색이나 회색으로, 죄목에 따라 다양한 문양이 그려졌다. 십자가, 악마, 불꽃 등의 그림은 회개, 죄악, 화형 선고 등을 상징했다. 이 복장은 죄인에게 수치심을 주고 대중에게 경고를 전하는 도구로 종교재판의 권위와 공포를 시각적으로 나타냈다.

 프란시스코 고야 (Francisco José de Goya)

엘 그레코, 디에고 벨라스케스와 더불어 스페인의 3대 화가. 로코코 양식의 궁정화가 시기엔 왕족의 초상화를 통해 권력자의 부패를 풍자했다. 청력을 잃은 후 전쟁의 비극을 다룬 [전쟁의 재난]에서 인간의 고통을 표현했다. 마지막으로 검은 그림 연작 시기에서는 자신의 내면적 갈등과 인간 본성에 대한 회의를 드러냈다. 고야는 20세기 표현주의와 초현실주의의 선구자다.

종교재판과 관련한 고야의 작품과 삶을 그린 영화

고야의 유령 (2006)

밀로스 포만 감독이 제작한 스페인 영화. 하비에르 바르뎀과 나탈리 포트만이 주연을 맡았다. 이 영화는 18세기 스페인의 가톨릭 종교재판소의 부패와 잔혹성을 궁중화가 프란시스코 고야의 시각으로 그려내고 있다. 밀로스 포만 감독이 직접 집필한 원작 소설을 바탕으로 한다. 고야의 판화집의 부제인 "이성이 잠들면 괴물이 깨어난다."의 메시지를 담고 있다.

고야의 종교재판과 관련된 대표 작품

옷 벗은 마하

실제 여성의 누드를 그린 유화작품 [옷 벗은 마하 La maja desnuda]로 고야는 종교재판에 회부되었다. 유명 화가 벨라스케스와 티치아노의 영향을 받아 그렸다는 해명으로 처벌은 면했다. 그림에 옷을 입히라는 종교재판소의 명령에, 고야는 같은 모델로 또 다른 버전 [옷 입은 마하 La maja vestida]를 그렸다. 프라도 미술관은 두 작품을 함께 선보인다.

 플라자 마요르 주변의 관광지 추천

산 미구엘 시장(Mercado de San Miguel)
마드리드 최고의 미식 명소. 고급 타파스, 스페인 전통 음식, 신선한 해산물 등 다양한 요리를 맛볼 수 있다.

소브라도 디 아길라르(Sobrino de Botín)
1725년부터 운영 중인 기네스북에 등재된 세계에서 가장 오래된 레스토랑. 스페인 전통 요리인 '코치니요 아사도'로 유명하다.

푸에르타 델 솔(Puerta del Sol)
마드리드의 상징인 곰과 마드로뇨 나무 동상이 있다.

 종교재판의 광기에 대한 고야의 명언

"이성이 잠들면 괴물이 깨어난다"

– 고야의 판화집 [카프리초스]의 부제 –

8. '우당탕탕' 여행 에피소드

마드리드 숙소가 문제였다. 분명 아고다로 예약했는데, 그랑 비아에 위치한 숙소는 벨을 눌러도 답이 없다. 호스트는 연락이 되지 않고, 앱을 확인하니 예약이 자동 취소됐다. 자정이 가까운 시간. 결국 그랑 비아의 호텔들을 무작정 찾아가서 방이 있냐고 물어봤다. 다섯 번쯤 거절을 당한 후, 1월 초 극성수기 방값을 내고 간신히 귀국행 비행기 타기까지 반나절 잠을 청할 수 있는 호텔을 잡았다.

#6
나폴레옹에 맞선 마드리드 시민 혁명, 푸에르타 델 솔

아직 채 식지 않은 프랑스 군인의 총구들이 무장해제된 마드리드의 시민들을 향하고 있다. 허리에 긴 칼까지 찬 군인들은 줄지어 서서 다음 발포 명령을 기다리고 있다. 별 하나 비치지 않는 암흑 같은 밤. 작은 능선을 뒤로 한, 여러 명의 시민들이 두려움에 떨고 있다. 땅바닥에는 이미 처형당해 피 흘리며 쓰러진 시체가 처참하게 널브러져 있다. 두 손으로 얼굴을 가리고 두려움에 떨며 마지막 기도를 올리는 사람들. 그중에는 불끈 쥔 주먹을 프랑스 군인을 향해 뻗는 시민도 있다. 정중앙 얇은 하얀 튜닉과 노란 바지를 입은 마드리드 시민이 항복의 표시로 빈 손바닥이 보이게 두 팔을 벌리고 서 있다. 내려앉은 눈썹 밑 두려움에 커진 눈을 한 그의 모습만이 오직 바닥에 놓인 노란 램프의 빛에 밝게 보인다.

곧 램프의 빛도, 생명의 불빛도 사라지고, 이곳은 칠흑 같은 어둠이 차지할 것이다. 이곳은 마드리드의 또 다른 광장, 푸에르타 델 솔 (Puerta del Sol)이다.

고야의 작품 [마드리드, 1808년 5월 3일]이다. 영화 속 고야를 따라, 플라자 마요르에서 가까운 푸에르타 델 솔로 발길을 옮겼다. 슬프게도 고야는 종교재판의 광기만 마주친 것이 아니었다. 나폴레옹 프랑스 군대의 침략으로 인한 스페인 반도전쟁 중 폭력과 학살, 민간인의 고통을 목격한 고야는 화가로서 그 참상을 그림으로 기록한다.

프랑스 군대는 잔인하기로 유명한 이집트의 용병이 이끄는 마멜루크 부대를 스페인에 투입했다. 스페인을 점령한 나폴레옹의 프랑스군이 스페인 왕자를 프랑스 파리로 강제 압송할 것이라는 소문이 퍼졌다. 1808년 5월 2일, 분노한 마드리드 시민들은 푸에르타 델 솔 근처에서 왕자 압송을 저지하기 위해 마멜루크 부대와 격렬한 전투를 벌였다. 마드리드 시민들의 봉기 '도스 데 마요(Dos de Mayo)'다. 그에 대한 보복으로 다음 날인 3일, 프랑스 군대는 수백 명이 넘는 마드리드 시민을 잔혹하게 총살했다. 이 모습이 바로 고야의 작품 [1808년 5월 2일, 마멜루크 부대 돌격], [마드리드, 1808년 5월 3일] 두 폭에 고스란히 담겼다.

고야가 마드리드 시민 봉기를 마주한 푸에르타 델 솔의 현재 시각. 마드리드의 상징인 '곰과 마드로뇨 나무 동상(El Oso y el Madroño)'이 눈길을 끈다. 마드리드 지역에서 자주 발견되는 곰과 마드로뇨 나무를 표현했다. 잔인했던 전쟁이 스쳐간 자리는 아름다운 동화가 덧 입혀

져서 여행자들을 부른다. 푸에르타 델 솔은 스페인에서 가장 유명한 광장이자 마드리드의 중심으로 '태양의 문'이라 불린다. 광장 내 정부 청사 앞 바닥에는 여기서부터 스페인의 각 지역의 거리를 계산하는 기준점인 '0km' 표식이 있다. 0km. 바로 이 광장에서 마드리드 시민은 그들의 역사를 세웠다.

  마드리드의 수많은 광장엔 때론 비극적이고 때론 영광스러운 마드리드 도시와 시민들의 스토리가 숨겨져 있다. 마드리드 격동의 시기의 목격자인 고야가 작품 속에 담아 둔 이야기를 생생하게 찾아보자.

나 폴레옹에 맞선 마드리드 시민 혁명, 푸에르타 델 솔

Culture Tips!

1. 도스 데 마요(Dos de Mayo)

스페인어로 '5월 2일'을 의미한다. 1808년 5월 2일에 발생한 마드리드 시민의 봉기를 가리키며, 나폴레옹의 프랑스 군대에 대한 스페인 국민의 저항을 상징한다. 이 사건은 스페인 반도 전쟁의 중요한 전환점으로 여겨지며, 시민들이 프랑스 군대의 억압에 맞서 싸워 많은 민간인이 희생되었다.

2. 마드리드의 공식 문장에 얽힌 전설: 곰과 마드로뇨

마드리드가 수도가 되기 훨씬 이전, 이 지역의 울창한 숲에 곰이 자주 출몰했다. 어느 날, 한 아들과 엄마가 숲에서 열매를 줍는 데, 갑자기 곰이 나타났다. 놀란 엄마와 소년은 급히 도망쳤다. 엄마는 아들이 보이지 않아 뒤를 돌아보았고, 나무 위로 피신한 아들을 발견했다. 아들을 구하기 위해 엄마가 곰에게 달려들려고 하자, "엄마, 도망가세요!(마드레 이드 Madre, id!)"라고 소년의 외쳤다. 여기서 '마드리드'라는 지명이 유래했다.

푸에르타 델 솔 주변의 관광지 추천

레티로 공원(Parque del Retiro)
아름다운 정원과 호수, 조각상들이 있어 산책하기에 좋다.

프라도 미술관(Museo del Prado)
세계적으로 유명한 미술관.

알무데나 대성당(Catedral de la Almudena)
아름다운 마드리드의 주교좌성당.

왕궁(Palacio Real)
스페인 왕실의 공식 거주지로, 화려한 건축과 정원이 특징.

 ## 마드리드의 다른 광장에 얽힌 역사적인 사건

플라자 데 산타 아나(Plaza de Santa Ana)
'문학의 거리'(Barrio de las Letras)에 위치. 19세기부터 작가와 예술가들의 아지트였다. 현재 유럽의 10대 재즈클럽 중 하나인 '카페 센트랄'은 스페인 지성인들의 사교장이었고, 내전 시기에는 반프랑코 세력의 비밀 집회 장소였다. 돈키호테의 작가 세르반테스의 동상이 있다.

플라자 데 오리엔테 (Plaza de Oriente)

마드리드 왕궁 앞. 1879년, 알폰소 12세 국왕을 겨냥한 암살 시도가 있었다. 당시 한 제빵사가 국왕을 향해 총을 발사했지만 실패했다. 스페인 왕정에 대한 민중의 불만이 폭발한 상징적인 사건이다. 고딕 양식의 정원과 스페인의 역대 왕들의 조각상이 늘어서 있고, 중앙의 필리페 4세 기마상은 17세기 조각의 걸작이다.

〔도스 데 마요〕에 대한
대한 프랑스 군대의 원수 조아생 뮈라가 발표한 성명서

"잘못된 길에 들어서 반란을 일으키고 살해자가 된
마드리드 시민들이여, 그대들로 인해 프랑스군의 피가 흘렀다.
이것은 복수를 부르게 되었다."

어니스트 헤밍웨이가 말하는 마드리드

"마드리드, 마드리드, 마드리드!
세상에 이보다 더 용감한 도시는 없다!"

"마드리드에서는 밤을 죽이지 않고는
아무도 잠자리에 들지 않는다."

7 '우당탕탕' 여행 에피소드

예약 실수로 마드리드 숙소를 급하게 찾아야 하는 시각은 이미 자정. 근처 버거킹에 짐을 놓고 숙소를 검색하기로 했다. 몸도 피곤하고 속이 타들어가는 이모가 잠시 화장실을 갔다 오니, 조카는 없고 짐만 덩그러니 놓여있다. 천하태평 조카는 그 와중에 배가 고파 와퍼세트를 주문하러 자리를 비웠다. 짜증도 나고 깜짝 놀라서, 여긴 서울이 아니라고 짐을 잘 챙겨야 한다고 한 소리를 하는 데, 눈만 껌뻑껌뻑. 아이고, 조카. 우리 지금 정신 바짝 차려야 해!

#7
스페인 역사의 기록가

화가 고야

영화 [고야의 유령]에 빠져서일까? 마드리드를 걷다 보면 이 도시의 스토리를 담은 고야의 작품을 떠올리게 된다. 왕실의 이야기를 담던 궁정화가였던 그는 이제는 여행자들에게 마드리드의 이야기를 전하는 히스토리언, 기록가의 역할을 한다. 그리고 그의 존재감은 프라도 미술관 앞 고야의 동상에서 드러난다. 고야는 그 자리에서 "그대들은 내가 들려주는 마드리드의 이야기를 볼 준비가 되었는가?"라고 묻는 것 같다. "그렇다면, 나를 따르라." 그와 함께 프라도 미술관의 수많은 작품을 감상하고 마드리드의 광장으로 발길을 옮겨 스토리 여행을 마치니, 이제 스페인의 대표적인 화가인 고야. 그의 이야기가 궁금해졌다.

스페인의 시골 출신 고야는 젊은 시절 꿈을 품고 마드리드로 활동 무대를 옮겨 궁정화가로서 명성을 쌓기 시작한다. 섬세한 묘사와 화려한 색감으로 그린 왕족과 귀족의 초상화는 그에게 안정적인 삶을 보장했다. 마드리드는 세상의 중심이었고 그는 그 속에서 활짝 핀 꽃이었다. 마드리드가 끔찍한 종교재판과 무능한 정치로 신음하기 시작했을 때, 궁정화가였던 그는 귀족들의 비호하에 왕족들에 대한 풍자도 작품에 담았다. [카를로스 4세의 가족]에선 카를로스 4세 왕보다 실질적인 권력자인 마리아 루이사 왕비를 정중앙에 그렸다. 그림 속 인물들은 미화되지 않고 현실적인 외모에 시선이 제각각으로 정신 산만해 보인다. 그리고 왕실 가족 초상화에 화가인 고야도 자리하고 있다. 또한 고야는 [카프리초스]라는 80점의 판화 연작으로 18세기 말 지배계급의 무능, 교회의 부패, 미신 등을 그로테스크하고 풍자적으로 표현했다.

하지만 고야의 세상을 완벽히 뒤집어 버리는 사건이 발생한다. 바로 1808년 프랑스 군대의 스페인 침공이다. 낭만주의 화가 고야의 그림은 그 아름다움을 잃었다. 이제 그는 [마드리드, 1808년 5월 3일]처럼 그가 직접 목격한 전쟁의 참혹한 모습을 역사에 기록하는 히스토리언으로 변하게 된다.

콜레라에 걸려 청력을 잃은 후, 고야의 내면은 더욱 깊고 어두워졌다. 말년에 고야는 마드리드 외곽의 작은 집에 머물며 자신의 어두

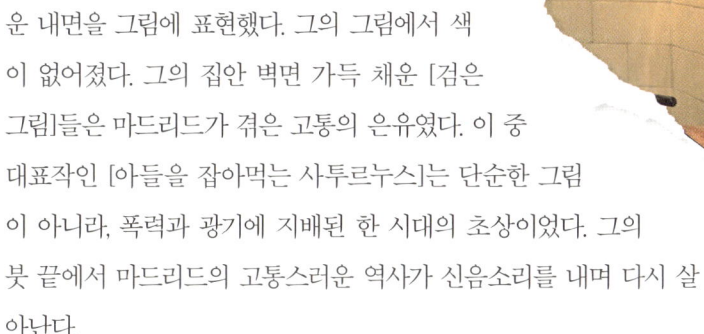

운 내면을 그림에 표현했다. 그의 그림에서 색이 없어졌다. 그의 집안 벽면 가득 채운 [검은 그림]들은 마드리드가 겪은 고통의 은유였다. 이 중 대표작인 [아들을 잡아먹는 사투르누스]는 단순한 그림이 아니라, 폭력과 광기에 지배된 한 시대의 초상이었다. 그의 붓 끝에서 마드리드의 고통스러운 역사가 신음소리를 내며 다시 살아난다.

　결국 고야는 마드리드를 떠나야 했지만, 그의 예술은 영원히 마드리드와 함께했다. 프랑스 망명지 보르도에서조차 그의 기억은 마드리드의 거리를 헤맸다. 화려함에서 시작해 고통을 목격하고, 내면의 어둠을 탐험한 한 화가의 여정. 그는 단순한 예술가가 아니라, 마드리드의 영혼을 그린 히스토리언이었다.

Culture Tips!

판화 연작 (카프리초스)

1799년 출간된 80점의 판화 연작. 18세기 말 스페인 사회의 부조리를 비판했다. 지배계급의 무능, 교회의 부패, 미신 등을 그로테스크하고 풍자적으로 표현했다. 계몽주의적 비판 정신과 낭만주의적 상상력이 공존하는 이 작품은 고야의 청각 상실 후 제작되어 그의 예술 스타일 변화를 보여준다. '변덕'이라는 의미의 제목처럼 자유로운 상상력과 즉흥성, 풍자를 담고 있다.

말년의 작품 (검은 그림들)

마드리드 근교 농가 벽에 그린 14점의 작품군. 검은빛, 회색빛, 갈색빛 등 어두운 색조로 인간의 어두운 면, 욕망, 악마성을 표현했다. 이 작품들은 리얼리즘, 인상주의, 초현실주의, 추상주의 등 현대 미술의 다양한 사조를 선구적으로 보여주며, 피카소와 헤밍웨이 등 후대 예술가들에게 큰 영향을 미쳤다.

3. 그로테스크한 작품 (아들을 잡아먹는 사투르누스)

기괴한 사투르누스 신이 광기 어린 눈빛으로 아들의 몸을 물어뜯고 있다. 강렬한 명암대비와 거친 붓 터치는 폭력성과 공포를 강조한다. 이 작품은 권력에 대한 집착, 시간의 무자비함, 인간의 어두운 본성을 나타낸다.

4 작품 속 모티브인 사투르누스의 신화

사투르누스는 로마 신화의 농업과 시간의 신으로, 그리스 신화의 크로노스에 해당한다. 그는 하늘의 신 우라누스와 대지의 여신 가이아의 아들로, 아버지를 폐위시키고 신들의 왕이 되었다. 그러나 자신의 자식 중 하나가 그를 전복시킬 것이라는 예언을 받고, 태어나는 자식들을 모두 삼켜버렸다. 하지만 그의 아내 레아(옵스)는 막내아들 제우스를 숨겨 키웠고, 성장한 제우스는 아버지에게 약을 먹여 삼켜진 형제들을 구출했다. 결국 제우스는 사투르누스를 전복시키고 새로운 신들의 왕이 되었다.

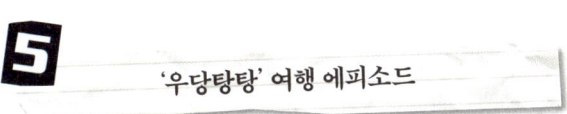

5 '우당탕탕' 여행 에피소드

마드리드행 라이언에어도 문제였다. 사전 온라인 체크인이 필수인 걸 몰랐다. 체크인 마감 전 15분 상황. 둘 다 로밍 패키지를 다 사용해서 인터넷 속도가 느리고, 공항 인터넷은 접속 불량이다. 결국 타임 오버로 추가 금액을 냈다. 또 금속 소재 캐리어는 추가금액을 내야 한다고… 이미 열이 받은 상태지만, 비행기는 곧 출발하고, 규정대로 할 수밖에 없다는 미안한 표정의 승무원과 실랑이를 하고 싶지 않다. 결국 추가 결제를 했다. 덕분에 우린 저가 항공을 고가에 이용했다.

#8
스페인의 맛,
마드리드 도보 여행!

"와, 스페인의 음식이 여기 다 있네!"

마드리드의 정오, 플라자 마요르를 향해 발걸음을 옮기는 순간부터 도시의 활기가 온몸으로 전해졌다. 금강산도 식후경! 미식투어에 진심인 조카와 떠난 광장 중심 도보여행의 첫 목적지는 산 미구엘 시장(Mercado de San Miguel)이다. 1916년부터 100년이 넘는 세월 동안 마드리드 사람들의 식탁을 책임져 온 식재료 시장이 이제 도시에서 가장 트렌디한 미식 공간으로 변모했다.

추운 겨울 날씨에 시장 입구에 들어서자마자 코를 자극하는 하몽과 올리브오일의 향연. 아르데코 양식의 철제 구조물과 유리창을 통해 겨울 햇살이 쏟아져내린다. 현지인들과 관광객들이 한데 어우러져 왁자지껄 타파스를 즐기고 있다. 이곳은 스페인 음식 축제의 현장이다. 온몸이 노곤해지고 뱃속 위장이 열리면서 즐길 준비가 됐다고 신호를 보낸다.

"세노르, 쎄뇨라! 이 하몽은 꼭 맛봐야 합니다. 48개월 숙성된 최고

급 하몽 이베리코에요.", "이것도!", "이건 빼먹으면 안 되죠." 밀려드는 주문에 정신없이 음식을 서빙하는 와중에도, 직원의 꼭 맛봐야 할 추천 리스트가 끊이질 않는다. 행복한 결정 장애의 순간이다. 전략을 바꿔서, 조카와 서로 옆 테이블 사람들의 접시를 흘깃거렸다. 마음에 드는 타파스가 보이면 직원에게 고갯짓을 해서 주문을 했다. 얇디얇게 저며 입안에서 살살 녹는 하몽 이베리코부터 한 입. 부드럽고 고소하다. 그다음은 인기 있는 '뽈뽀 아 라 갈레가'. 갈리시아 전통 방식으로 삶아 부드러운 문어 위에 올리브오일이 황금빛으로 흘러내리고, 파프리카가 살포시 올려져 있다. 직원에게 만족의 신호로 엄지척을 보냈다.

그렇게 시작한 미식여행은 브레이크 없는 열차에 탑승한것 같이 폭주했다. 버섯을 스테이크처럼 구워서 따뜻한 빵에 올린 타파스, 그릴에 구운 새우에 마늘과 페페론치노를 얹은 '감바스 알 아히오'. 타파스 한 접시에 맥주 한 잔, 옆 상점으로 옮겨가서 또 타파스 한 접시에 상그리아 한 잔… 이보다 더 완벽한 점심이 있을까. 상점만 30개가 넘으니 몇 시간이라도 머물 수 있을 거 같다.

스페인 사람들이 오수를 즐기는 '시에스타'에도 여행객들은 바쁘다. 이동 중에는 스페인 시민들이 애정하는 간식 '추로스'를 맛본다. 추운 겨울 날씨에도 길거리에서 추로스를 진한 초콜릿에 푹 찍어 먹으면, 몸도 마음도 따뜻하게 녹아내린다. 120년이 넘는 전통의 추로스 가게 '산 히네스(Chocolatería San Ginés)'는 푸에르타 델 솔 근처에 있다. 해 질 녘, 마드리드 왕궁으로 향하는 길은 황금빛으로 물들었다. 3,000개가 넘는 방을 품은 웅장한 궁전은 석양 속에서 더욱 고고한 자태를 뽐내고 있었다. 그 옆 알무데나 대성당의 첨탑도 여행자를 바라보고 있다.

플라자 데 산타 아나의 밤은 유럽 10대 재즈클럽중 하나인 카페 센트랄이 무대다. 플라멩코와는 또 다른 즐거움을 선사한다. 문화의 중심지인 이 광장의 테라스는 마드리드의 밤을 보내기에 최적의 장소다. 아쉽게도 마드리드의 미식의 밤이 저물어간다.

Culture Tips!

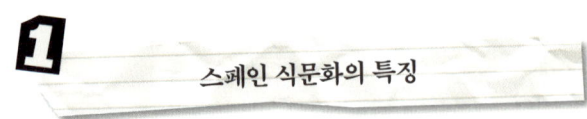
스페인 식문화의 특징

다른 유럽 국가에 비해서도 스페인의 식사 시간은 상당히 늦다. 점심 식사는 보통 2시–4시, 저녁 식사는 밤 9시경에 시작한다. 스페인 사람들은 가족이나 친구들과 함께 대화하며 즐겁게 긴 식사시간을 보낸다. 그 특성으로 여러 종류의 작은 요리들을 와인과 함께 즐기는 문화가 발달했다.

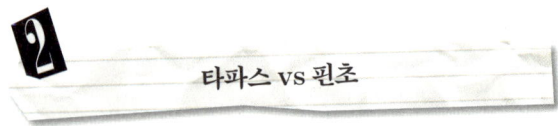
타파스 vs 핀초

타파스
다양한 작은 접시 요리를 통칭. 타파(Tapa)는 스페인어로 '뚜껑'. 과거 위생 상태가 좋지 않았을 때, 파리가 술잔에 빠지는 문제를 해결하기 위해 빵을 잔 위에 뚜껑처럼 덮어 팔았다. 이후 가게들이 경쟁적으로 빵 위에 하몽이나 치즈 등을 올려 무료로 제공하기 시작해, 타파스 문화는 스페인 중부에서 시작되어 남부로 퍼져나갔다.

핀초
핀초(Pincho)는 스페인어로 '꼬치'. 북부 바스크 지역에서 유래. 최초의 핀초는 '길다(Gilda)'라는 음식으로, 올리브, 안초비, 매운 고추 긴디야를 꼬치에 끼워 만들었다. 손님들이 술을 더 오래 마시도록 하기 위해 개발되었다.

스페인 '하몽' vs 이탈리아 '프로슈토'

하몽

주로 이베리코 흑돼지나 일반 백돼지를 사용한다. 최고급 하몽인 '하몽 이베리코 데 베요타'는 도토리를 먹고 자란 이베리코 흑돼지로 독특한 풍미가 난다. 하몽은 12-48개월까지 긴 숙성 과정을 거쳐, 짭짤하고 풍부한 맛과 약간 질긴 식감을 갖는다. 진한 붉은색으로, 주로 얇게 썰어 먹는다.

프로슈토

주로 대형 백돼지를 사용한다. 보통 12-18개월 정도 숙성되며, 하몽에 비해 상대적으로 숙성 기간이 짧다. 부드럽고 연한 맛이 특징이다. 식감은 촉촉하다. 연한 분홍색으로, 멜론이나 무화과 같은 과일과 함께 먹거나 다양한 요리에 활용된다.

 ## 마드리드의 매력

"마드리드는 기억과 상실이 얽힌 도시다."
- 하비에르 마리아스 (스페인 소설가) -

"마드리드는 천국에서 떨어진 한 조각이다."
- 페드로 칼데론 데 라 바르카 (스페인 극작가) -

5 '우당탕탕' 여행 에피소드

저가항공 에어 포르투갈의 가장 싼 리스본행 새벽 첫 비행기표를 끊었다. 새벽잠을 떨치며 택시를 타고 공항에 도착했는데, 기약 없는 연착이다. 활주로 앞 마지막 문이 열리길 기다리며, 바닥에 주저앉아 3시간 정도 대기를 했다. 이럴 줄 알았으면 편안하게 호텔에서 조식을 먹고 올걸… 그렇지만 큰 불평 없이 상황에 잘 적응하는 이모와 조카. 조카는 핸드폰 서핑으로 이모는 펜 드로잉으로 킬링타임을 했다.

#9
펠리스 나비다&
새해 축제

밤이 되자 플라자 데 산타 아나는 마법에 걸린 듯했다. 크리스마스 시즌을 맞아 야외 음악회가 열린 거다. 광장을 둘러싼 건물과 상점마다 크리스마스 전구가 반짝인다. 군중들은 16세기 중세 시대부터 공연장인 떼아뜨르 에스파뇰 건물 정면을 바라보면서 노래를 하고 있었다. 1565년에 지어진 떼아뜨르 에스파뇰은 마드리드에서 가장 오래된 극장 중 하나로, 매년 야외 크리스마스 콘서트를 선보인다. 극장의 층층이 자리 잡은 발코니마다 악단과 합창단이 자리를 잡았다. 극장에 조명이 비칠 때마다 극장과 그들의 의상은 핑크빛, 하늘빛, 보랏빛으로 물들어갔다. 광장 중앙에 선 지휘자가 팔을 들어 올리자, 발코니의 아카펠라 선율이 차가운 겨울 공기를 가르며 울려 퍼졌다.

"¡Feliz Navidad!(펠리스 나비다)"

합창단의 노래가 울려 퍼지자 광장은 순식간에 하나의 거대한 크리스마스 합창단으로 변모했다. 관객들은 발코니를 향해 화답하듯 노래를 부르고, 그 소리는 다시 발코니에서 되돌아와 끊임없는 음악의

파도가 넘실거렸다. 마치 음악의 파도를 타고 산타클로스가 썰매를 타고 하늘에서 내려올 것만 같았다. 20대 젊은이들은 리듬에 맞춰 어깨를 들썩이며 춤을 추고, 연인들은 음악의 선율 속에서 서로를 바라보며 달콤한 키스를 나눴다. 아빠 어깨 위에 올라탄 아이들은 발코니를 향해 작은 손을 뻗으며 까르르 웃음을 터뜨렸다. 광장의 레스토랑 테라스에선 노부부들이 손을 맞잡고 이 축제의 순간을 따뜻한 눈빛으로 지켜보고 있었다.

조카와 낯선 이국땅 마드리드에서 여행자들과 함께 크리스마스의 여운을 따뜻하게 즐겼다. 서로 모르는 사람들이 눈빛을 교환하고, 낯선 이들과도 미소를 나누며 축제의 기쁨을 함께했다. 광장은 시간이 흐를수록 더욱 따뜻해졌고, 음악은 계속해서 울려 퍼졌다.

12월 8일 성모 마리아 대축일을 시작으로 스페인은 두 달간의 긴 축제에 돌입한다. 광장에선 크리스마스 마켓이 열리고, 마드리드 시민들은 집에 걸 크리스마스 장식과 아몬드와 꿀로 만든 크리스마스 전통 디저트 투론을 고른다. 성당마다 예수탄생을 표현한 미니어처 장식인 벨렌을 예쁘게 장식한다. 성당마다 이 스토리의 장면들을 담은 벨렌을 보기 위해 관광객들은 마드리드 시내의 성당들을 방문한다.

　마드리드 최대의 번화가인 그랑 비아(Gran Via)를 걸어가는데 길거리 담배가게(타바코) 마다 긴 줄이 늘어서있다. 궁금해서 줄 뒤에 서니, 상점에서 나오는 사람들 손에 복권이 보인다. 스페인의 크리스마스 복권인 '엘 고르도' 구매 행렬이었다. 매년 12월 22일이면 세계에서 가장 큰 규모의 복권인 엘 고르도의 추첨결과가 발표되는데, 스페인 전국에 생중계된다. 여행객들도 구매가 가능하다고 하니, 한 해의 끝자락에서 남아있는 행운의 조각을 모두 모아서 걸어볼 만 하지 않을까?

　새해 전야 12시가 다가오면 사람들이 푸에르타 델 솔로 몰려들어 인산인해를 이룬다. 모두의 손에는 포도 12알이 들려 있다. "디엔스! 누에베! 오초!" 카운트다운이 시작되면, 사람들이 종소리와 함께 한 알씩 포도를 먹기 시작한다. 포도를 시간내에 다 먹으면 내년에 복이 온다는 풍습이 있다.

　1월의 하이라이트는 크리스마스 시즌을 마무리하

는 '카발가타 데 로스 레예스 (1월 6일)'이다. 저녁에는 화려한 동방박사의 행렬이 도시를 수놓는다. 세비야의 광장에서 환호성 소리에 이끌려 골목길에 들어갔다. 까르푸에서 지원을 한 어린아이 동방박사들이 아기 예수를 찾아가 그 탄생을 축하하는 퍼레이드 행렬이 골목길을 웃음바다로 만들고 있었다. 주인공은 세 명의 동방박사인 멜초르, 가스파르, 발타사르로 특별히 더 화려한 복장을 입고 있었다. 베두인 복장의 참가자와 행진밴드를 이끌고 오후부터 밤 늦게까지 세비야 거리를 순회하는 화려한 행렬이다. 꼬마 동방박사들이 지나갈 때마다 뿌리는 사탕을 받으려고 또 한무리의 아이들이 환호성을 지른다. 퍼레이드를 뒤 따르며 이 광경을 흐뭇하게 지켜보는 시민들의 행복한 발걸음. 모두 동심의 세계로 초대됐다.

다음날 아침은 거리의 빵집마다 로스콘 데 레예스를 사려는 사람들로 줄을 이룬다. 왕관 모양의 과자 안에 숨겨진 작은 예수상을 찾는 사람은 그날의 '행운의 주인공'이 된다. 콩을 찾은 사람은 다음 해의 로스콘을 사야한다.

가톨릭의 본고장 스페인의 연말연시는 예수님의 탄생을 축하하는 두 달간의 긴 축제의 현장이다. 축제 분위기를 좋아하는 여행자들이라면 이 기간이 최고의 여행적기일거다.

Culture Tips!

1 축제 분위기의 마드리드를 즐기려면

친촌 카니발과 중세 시장(Chinchón Carnival and Medieval Market)
2월. 퍼레이드와 퍼포먼스가 특징이다. 부활절 토요일에는 예수의 고난을 재현하는 행사가 진행된다.

산 이시드로 축제(Fiestas de San Isidro)
5월 중순. 마드리드의 수호성인인 산 이시드로를 기리는 축제이다. 프라데라 데 산 이시드로 공원에서 전통복장을 입고 춤을 추며 피크닉을 즐긴다. 1561년부터 이어져 온 마드리드의 가장 오래된 전통 축제이다.

베르베나스 데 라 팔로마(Fiestas de la Virgen de la Paloma)
8월 중순. 라 팔로마의 성인을 기리며, 전통 음식과 음악 공연이 포함된 여름 축제이다.

오르가예요 축제(Fiestas de San Cayetano, San Lorenzo y La Paloma)
8월. 세 개의 연속된 축제로, 각 성인을 기리며 낮에는 퍼레이드가 열리고 밤에는 야외 축제가 열린다.

알칼라 데 에나레스 중세시장(Alcalá de Henares Medieval Market)
10월 9일. 미겔 데 세르반테스의 세례를 기념하는 축제. 마드리드가 중세 도시로 변신하며, 마상창 시합과 기사의 토너먼트가 열린다.

투우 시즌

3월-10월의 주말 및 공휴일. 라스 벤타스 투우장에서 전통적인 투우 경기가 열린다.

연말연시 이벤트 달력

- **12월초~12월 24일:** 크리스마스 마켓.
- **12월 22일:** '엘 고르도' 복권추첨일.
- **12월 24일 (라 노체부에나):** 크리스마스 이브에는 가족 만찬 후 자정 미사 "미사 델 갈로"에 참석.
- **12월 25일 (나비다드):** 크리스마스날엔 가족 점심식사.
- **12월 28일 (엘 디아 데 로스 산토스 이노센테스):** 무고한 성인의 날(스페인식 '만우절').
- **12월 31일(노체비에하):** 새해 전야에는 푸에르타 델 솔에서 12개의 포도를 종소리에 맞춰 먹으며 새해의 행운을 기원. 자정 이후 도심 불꽃놀이.
- **1월 1일:** 새해 첫날 아침에는 초콜릿과 추로스를 먹는다.
- **1월 5일(카발가타 데 로스 레예스):** 저녁에 도심 동방박사 행렬.
- **1월 6일(엘 디아 데 로스 레예스):** 세 왕의 날. 아침에 '로스콘 데 레예스'라는 케이크를 먹는다. 아이들은 전날 밤 동방박사가 남겨둔 선물을 받는다.

3 크리스마스 마켓의 인기 판매품

벨렌(Belén)
아기 예수가 태어난 장면을 재현한 미니어처 장식. 스페인 가정에서는 이 벨렌을 정성스럽게 꾸미는 전통이 있다.

까가네르(Caganer)
카탈루냐 지역의 전통 인형. 바지를 내리고 있는 모습인데, 유머러스한 방식으로 한 해의 나쁜 기억을 잊고 좋은 일이 생기기를 바라는 의미를 지니고 있다. 유명인사나 캐릭터 모습의 까가네르도 인기다.

까가띠오(Cagatió)
카탈루냐에서 크리스마스 시즌 동안 어린이들이 돌보는 통나무 인형. 선물과 과자를 "배변"하는 특별한 전통이 있다.

크리스마스 장식품
다양한 크리스마스 트리 장식, 리스, 조명 등으로 집안을 꾸밀 수 있는 소품들이 판매된다. 특히 아기자기한 디자인의 소품들이 많아 선물용으로도 인기가 높다.

전통 디저트
뚜론(turrón), 마자판(mazapán), 츄러스.

스페인의 유명한 크리스마스 캐롤: "Feliz Navidad(펠리스 나비다)"

푸에르토리코의 가수 호세 펠리시아노(José Feliciano)가 1970년에 발표. 스페인어와 영어의 혼합, 단순하고 반복적인 경쾌한 멜로디로 전세계적으로 사랑받는 캐롤이다. "Feliz Navidad"는 "행복한 크리스마스"라는 뜻이다.

새해 행운을 기원하는 풍습

포도 12알
새해 전야 12번의 종이 울릴 때마다 포도 한 알씩을 먹으며 소원을 빈다. 내년 12개월 동안 무탈한 한 해를 기원한다.

붉은 속옷
새해에 행운을 가져다 준다고 믿고 붉은 속옷을 입는다. 연말연시 상점의 인기 상품이다.

초콜릿 추로스
따뜻한 초콜릿에 바삭한 추로스를 찍어 먹으며 새해 첫날 아침을 시작한다.

6. 여행자들을 위한 주의사항!

- ✓ 12월 24-25일과 1월 5-6일은 대부분의 상점과 관광지가 휴무이니, 미리 계획을 세우자.
- ✓ 새해 전야에는 대중교통이 24시간 운영된다. 하지만 교통체증이 심하니, 광장 근처 호텔을 예약하자.
- ✓ 연말연시에는 호텔 가격이 폭등하니, 2-3달 전에 미리 예약하자.
- ✓ 연말연시에는 식당 예약을 최소 2주 전에 해야 한다. 특히, 야외 행사가 열리는 광장주변의 식당 테라스 자리는 더 일찍 마감된다.
- ✓ 수퍼마켓에서 새해 전야의 포도 12알을 판매하니 미리 준비하자.

7. 스페인어 크리스마스 인사

"¡Feliz Navidad!"
– 행복한 크리스마스. –

"Feliz Navidad y Próspero Año Nuevo."
– 행복한 크리스마스와 행복한 새해를 기원합니다. –

"Que la paz sea tu regalo en
Navidad y tu bendición todo el año."

– 크리스마스에 평화가 당신의 선물이 되고, 한 해 내내 당신의 축복이 되기를. –

 '우당탕탕' 여행 에피소드

조카는 숙소와 식당 선택이 재미있고 까다롭지만, 이모는 현지 문화를 경험하는 체험여행에 진심이다. 조카가 숙소에서 현지 맛집을 탐색할 동안, 이모는 도시의 라이브 문화공연을 검색했다.

#10
톨레도,
중세도시의 기사

마드리드는 이모와 조카가 '유럽여행'을 계획하면서 떠올린 전형적인 이미지보다 더 현대적인 도시였다.
"그럼, 진짜 중세 도시를 찾아볼까?"
그래서 우린 숙소에서 머리를 맞대고 중세 유럽으로 시간 여행을 떠날 수 있는 마드리드 근교 도시를 검색했다. 그러다 발견한 '신비의 고도' 톨레도. 핸드폰 사진 속 풍경은 판타지 영화의 한 장면 같았다.

다음 날 이른 아침, 우린 톨레도행 직행버스에 몸을 실었다. 차창 밖으로 현대식 건물들이 획획 지나갔다. 한 시간쯤 달렸을까. "성이다! 바로 저거지."

타호강이 감싸 안은 거대한 바위 산 위에 성채처럼 우뚝 솟은 톨레도가 우리를 기다리고 있었다. 십자군 전쟁 영화에서 튀어나온 듯한 풍경이었다. 좁고 구불구불한 골목길은 마치 미로와 같았다. 울퉁불

통한 돌바
닥 길을 걷다 보면
가끔씩 몸이 휘청인다. 수백
년 전 전쟁에서 승리하고 이 길을 따
라 기사들은 말을 타고 성안으로 들어갔겠지.
성의 창문마다 그들을 향해 꽃을 뿌리며 환영하는 여
성들과 환호성을 지르면서 기사들의 뒤를 쫓는 평민과 아이들.
상상의 나래가 절로 펼쳐진다.

   톨레도는 세르반테스에게도 상상력의 선물을 안겨줬다. 유네스코 세계유산으로 지정된 중세 건축물과 좁은 골목길이 매력적인 톨레도에서 익숙한 이름이 눈에 띈다. 바로 세르반테스의 소설 속 주인공 '돈키호테'이다. 50세의 나이에 기사도 소설에 심취해, 늙은 말 로시난테를 타고, 뚱보지만 현실적인 시종 산초 판차와 함께 상상 속 연인인 둘시네아를 찾아 모험을 떠나는 돈키호테. 풍차를 거인으로 착각하고 공격하기도 하고, 여관을 성으로 착각해 여관 주인에게 자신을 기사로 임명해 달라고 요청하기도 한다. 기사도의 이상을 추구하며 연인을 구하기 위해 좌충우돌 우스꽝스러운 사건에 휘말리는 돈키호테, 그의 동상이 톨레도 성문 근처에 있다. 그의 이름을 딴 '돈키호테의 길'도 있다. 톨레도는 돈키호테의 작품 속 배경인 황량한 평원에 풍차가 인상적인 라만차 지방의 도시이다.

   도로 양옆 상점에선 돈키호테가 그렇게 되고 싶었던 기사의 번쩍이는 갑옷과 기사도, 중세 도시의 깃발 등을 기념품으로 판매한다. 마침 크리스마스 마켓도 열렸다. 이상적인 돈키호테와 현실적인 산초가 옥신각신하며 여행 중에 이런 광장에서 숙식을 해결했을거다. 작은 광장 시장에선 중세 복장을 입은 사람들이 아이들 손을 잡고 장을 보다 돈키호테 일행을 보고 따라 갈 것 만 같다. 한 쪽 편에는 북적거리면서 따뜻한 와인인 뱅쇼와 달달한 먹거리를 판매하고, 다른 한편에서는 웃통을 벗고 '탕~ 탕~' 망치질을 하면서 기사도와 검을 만드는 대장장이가 있을 것만 같다. 톨레도에 오길 잘 했다.

톨레도는 1561년 펠리페 2세가 스페인의 수도를 마드리드를 옮기기 전까지 스페인의 수도였다. 이곳은 기독교, 이슬람, 유대교가 함께 공존하여 문화를 꽃피워서 '세 문화의 도시'라는 애칭이 있다. 그래서 도시엔 기독교의 톨레도 대성당, 이슬람의 모스크, 유대교의 시나고

그가 서로 가까운 거리에 위치해 있다. 문화의 대통합이 이루어진 도시다.

약 200년에 걸쳐 완성된 스페인 고딕 건축의 걸작인 톨레도 대성당. 그 안에서 마드리드 프라도 미술관에서 만난 거장의 작품이 있어 반가웠다. 바로 엘 그레코다. 그는 그리스에서 태어났지만 36세 나이에 스페인 톨레도로 이주해서 생을 마감할 때까지 이 곳에서 작품 활동을 했다. '톨레도의 화가'라 불렸던 그는 톨레도 대성당의 의뢰로 많은 작품을 남겼다. 주로 영적인 체험을 강조한 독창적이고 신비주의적인 종교화를 많이 그렸다. 당시엔 예술가들의 후원자가 바로 가톨릭 교회였으니 당연하다. 대표작은 대성당에 있는 [엘 엑스폴리오 (그리스도의 옷을 벗김)]이다. 더 많은 그림은 엘 그레코의 집과 박물관에서 볼 수 있다.

우리는 세르반테스가 자주 찾았다는 소코도베르 광장(Plaza de Zocodover)에서 꼬마열차 '소코트렌'을 타고 시내를 한 바퀴 돌았다. 미라도르 델 발레(Mirador del Valle) 전망대에서 바라본 톨레도는 타호강에 둘러싸여 한 폭의 그림 같았다. 회색 구름 아래, 기암절벽 위에 우뚝 선 요새 궁전 '알카사르'와 '톨레도 대성당'을 중심으로 많은 중세 건축물들이 보인다.

12월 고도의 톨레도는 추위도 매서웠다. 골목 사이로 부는 차가운 칼바람에 감기가 걸릴 것 같았다. 양지바른 골목의 작은 식당으로 피신했다. 스페인에서 꼭 먹어야 하는 타파스, 하몽, 빠에야까지 골고루 주문했다. 달달한 상그리아까지 제대로 스페인 음식을 즐기며 따뜻하고 든든히 배를 채웠다. 돈키호테와 산초가 여관에서 먹었던 스페인 음식이 우리의 입맛도 사로잡았다.

Culture Tips!

 마드리드 근교: 중세 분위기 여행지

톨레도(Toledo)

마드리드 남쪽 70km. 세르반테스 언덕을 타호강이 둘러싸 로마시대부터 천연의 요새다. 구시가지는 세계문화유산지다.

세고비아(Segovia)

마드리드 북서쪽 60km. 로마시대와 중세시대의 느낌이 가득한 유네스코 세계문화유산지. 고대 로마 건축의 자존심이라 불리는 로마 수도교, 백설공주 성의 모델인 알카사르, 세고비아 대성당이 관광 포인트다.

 톨레도 이동수단

마드리드-톨레도

마드리드 아토차역(Atocha)역에서 기차 렌페(Renfe)를 이용하면 약 30분 소요된다. 버스 ALSA를 이용하면 마드리드 플라자 엘립티카 터미널(Plaza Eliptica)에서 직행버스를 타고 1시간.

톨레도 시내

꼬마열차 '소코트렌(Zocotren)'이 주요 관광지를 순회한다. 톨레도는 언덕과 오르막길이 많은 지형이라 소코트렌이 편하다. 출발지인 소코도베르 광장에서 티켓을 구매한다.

톨레도의 축제

코르푸스 크리스티(Corpus Christi)
5월 말 또는 6월 초. 톨레도의 가장 중요한 종교 축제로 화려한 장식으로 꾸며진 거리를 성체행렬이 지나간다.

세마나 산타(Semana Santa)
부활절 주간 행사. 종교 행렬과 의식이 진행되며, 특히 밤에 열리는 행렬이 신비롭다.

산 일데폰소 축제(Fiesta de San Ildefonso)
1월 23일. 톨레도의 수호 성인을 기리는 행사.

 ## 돈키호테(Don Quixote)

스페인의 대표적 모험 소설. 세르반테스가 1605년과 1615년에 출판한 작품으로, 세계 최초의 근대 소설로 평가받는다. 주인공 알론소 키하노는 기사 소설에 빠져 현실감각을 잃고 '돈키호테'로 변신해 모험을 떠난다. 농부 산초 판차와 함께 여행하며 풍차를 거인으로 착각하는 등 코믹하면서도 감동적인 사건을 겪는다. 세르반테스는 이 작품을 통해 당시 기사 소설을 패러디하고 인간 심리와 사회를 날카롭게 풍자했다. 이 소설은 이상과 현실의 대비, 인간 본성에 대한 성찰을 통해 현대 소설의 기틀을 마련했다.

문학작품 속의 배경지 - 톨레도

"톨레도, 그 도시는 마치 시간이 멈춘 듯한 곳이었다.
고대의 성벽과 탑들이 도시를 감싸고 있었고,
좁은 골목길은 수세기의 역사를 품고 있었다."

- 세르반테스 [돈키호테] -

"타호강이 감싸 안은 고귀한 도시여,
너의 돌담과 탑들은 천년의 이야기를 간직하고 있구나."

- 가르실라소 데 라 베가 (스페인 시인) -

'우당탕탕' 여행 에피소드

20대 젊은 패기로 얇게 입고 다닌 조카는 톨레도의 칼바람에 무너져 심한 감기에 걸렸다. 결국 조카는 이후 호텔에서 몸을 추스르느라 스페인 여행의 절반을 날리고 말았다. '조카, 다음엔 이모 말 잘 듣고, 패딩 꼭 입자!'

#11
플라멩코의 강렬한 매혹, 세비야

피 흘리는 아름다운 여인의 시체를 붙잡은 남자의 절규가 무대를 압도한다. 오페라 [카르멘]의 마지막 장면이다. 이 비극적인 사랑의 시작은 집시 문화가 번성한 스페인 안달루시아였다. 오페라 1막. 정열적인 붉은 드레스를 입고 플라멩코를 추며 관능적인 매력을 뿜내는 집시 여인 카르멘이 등장한다. 담배공장에서 일어난 싸움을 정리하려 나타난 군인 돈 호세. 이 사달을 일으킨 카르멘이 자신을 놓아달라며 그를 유혹하기 위해 아리아 '하바네라'를 부르며 춤을 춘다. 그녀의 매력에 빠져버린 호세는 결국 그 부탁을 들어준 대가로 영창에 갇힌다. 사랑을 선택하고 군대를 탈영한 그는 점차 그녀에게 집착하게 된다. 하지만 하바네라에 등장하는 '가까이 다가가면 달아나고, 외면하면 다가오는' 한 마리 새처럼 자유분방한 카르멘. 그녀는 투우사 루카스와 사랑에 빠져 돈 호세를 배신한다. 분노한 돈 호세는 결국 그녀를 단도로 찔러 죽인다. 그리고 절규하는 그의 모습으로 극은 끝을 맺는다.

오페라를 종합예술이라고 한다. 비제의 오페라 [카르멘]에 등장하는 집시들은 단연코 이 종합예술의 주인공이다. 그들의 정열적인 춤과 노래는 플라멩코의 정수를 담고 있다. 그들의 춤은 단순한 예술이 아니라 그들의 삶을 그대로 표현한다. 바로 그 순간, 나는 스페인의 밤에 새겨진 그들의 애환과 기쁨을 느낄 수 있었다. 하바네라 속의 강렬한 가사들은 관객들의 가슴 깊은 곳을 파고든다. 이 모든 것이 곧 마드리드에서 볼 플라멩코 공연에 대한 기대감을 높였다.

집시 문화가 안달루시아 지방에서 번성한 이유가 뭘까? 역사적으로 페니키아인, 로마인, 무어인들이 안달루시아 지역을 점령하며 각자의 문화를 심었다. 그 덕분에 안달루시아는 다채로운 문화적 교류의 중심지가 되었다. 특히 무어인의 통치 하에서 그들의 음악과 예술에 대한 열정이 안달루시아에 깊이 새겨졌다. 집시들은 15세기 무렵 인도 북부에서 출발해 중동과 이스탄불을 거쳐 유럽 대륙의 끝자락인 스페인의 세비야까지 이동했다. 오랜 세월 유랑민으로 살았던 집시들의

음악과 춤은 이 이국적인 문화를 양분 삼아 꽃을 피워냈다.

공연장에 도착하자 리셉션 바에서 상그리아를 건네준다. 느긋하게 술을 한 모금 마시며 주변을 둘러봤다. 마침 20대 여성 플라멩코 댄서의 생일인가 보다. 케이크를 들고 나타난 스태프들이 생일 축하 노래를 선창하자, 관객들도 다 함께 축하했다. 공연 전부터 이미 이 공간에는 따뜻한 유대감이 흐르고 있었다.

플라멩코는 칸테(노래), 토케(기타 연주), 바일레(춤)로 구성된다. 칸테는 플라멩코의 감정을 전달하는 심장이며, 가수의 목소리는 깊은 고통과 기쁨을 담아낸다. 기타 연주인 토케는 리듬과 멜로디를 통해 댄서와 가수를 감싸면서 전체 공연의 분위기를 만든다. 바일레는 눈으로 볼 수 있는 감정의 표현이다. 댄서는 현란한 스텝을 밟으면서, 손끝과 발끝까지 힘이 넘치면서 우아한 동작으로 관객에게 감정을 전달된다. 플라멩코에서 중요한 또 다른 요소는 '팔마스'라고 불리는 손뼉 박수다. 팔마스는 플라멩코의 리듬을 강조하고 관객과 아티스트 사이의 교감을 이끌어내는 역할을 한다. 플라멩코 공연에서 최고의 순간은 '두엔데'라 불린다. 두엔데는 무대 위에서 댄서가 완전히 몰입해 영혼 깊은 곳에서 우러나오는 감정을 표현하는 순간을 의미하며, 관객들 역시 이 순간을 공감하게 된다.

이날 무대는 작은 동굴 안이었는데, 공연자와 관객의 거리가 무척 가까웠다. 손뼉으로 리듬을 맞추며 이야기를 강렬하게 토해내는 칸테 가수, 토케 기타 연주자의 손끝에서 만들어지는 박진감 넘치는 리듬, 그리고 화려한 의상을 입고 구두로 무대 바닥을 강하게 두드리는 바일레 댄서. 그들의 공연을 눈이 아니라 온몸으로 느꼈다. 공연자들의 거친 숨소리와 춤추며 흘리는 땀방울이 나에게도 튀는 듯한 생생함, 그리고 강렬한 에너지가 공연장을 가득 채웠다. 나는 그 속에서 집시들의 영혼과 마주한 듯한 전율을 느꼈다.

순간 아파서 마드리드 숙소에 남은 조카가 떠올랐다. 이 뜨거운 순간을 조카와도 함께 나누고 싶었다. 그래서 세비야에 도착했을 때, 다행히 감기몸살에서 회복한 조카와 플라멩코 공연장을 찾았다.

세비야의 공연장에서 조카와 2층에서 바로 아래에서 펼쳐지는 남녀 댄서의 풍성하고 강렬한 플라멩코 공연을 관람했다. 남녀 댄서가 서로를 바라보며 절도 있는 동작으로 힘차게 춤을 이어간다. 이들의 춤은 사랑, 열정, 상실, 회복을 담고 있었다. 팔마스에 맞춰 기백이 넘치는 댄서들의 춤에 흠뻑 매료된 관객들. 고조되어가는 음악과 함께 클라이맥스로 치닫던 그 순간의 흥분. 공연이 끝난 후, 거친 숨을 내쉬며 강렬하게 서로를 바라보는 예술가들의 눈빛만으로도 그들이 공연 중 얼마나 깊은 감정을 공유했는지가 전달된다. 공연 후 조카와 나는 세비야의 거리로 나섰다. 여전히 남은

공연의 여운. 조카는 왜 이모가 플라멩코 공연을 꼭 보여주고 싶었는지 알겠다고 했다. 나에게 플라멩코는 집시들이 이방인에게 보여준 영혼을 담은 접대였다. 또한 플라멩코는 조카와의 소중한 추억을 만들어 준 집시들의 선물 '두엔데'였다.

스페인에서 플라멩코 공연은 바르셀로나, 마드리드, 안달루시아 지방에서 주로 볼 수 있다. 안달루시아 지방에선 전통적으로 집시들의 거주지였던 동굴에서 공연을 하는 경우가 많다. 또한 플라멩코의 본고장답게 '타블라오'라는 플라멩코 전문 바(bar)도 많다. 특히 세비야의 공연은 예술성이 가미된 화려한 플라멩코가 특징이라서, 세비야를 여행한다면 꼭 플라멩코 공연을 보길 추천한다.

Culture Tips!

플라멩코의 어원

아라비아어 '농부'를 뜻하는 Flama와 도망자, 피난자를 의미하는 Mengu라는 단어에서 유래했다. 집시의 음악과 춤을 의미한다. 현대에 이르러 그 예술성이 높이 평가되어 2010년에는 유네스코 인류무형문화유산으로 지정되었다.

아리아 '하바네라'

오페라 [카르멘]의 대표 아리아인 '하바네라'는 카르멘이 처음 등장해 사랑의 자유분방함을 노래하는 곡이다. '사랑은 반역자의 아이(L'amour est un oiseau rebelle)'라는 가사로 시작하는 이 곡은 플라멩코의 열정적인 리듬과 결합되어, 카르멘이라는 인물의 매력을 한층 더 돋보이게 한다.

안달루시아 지방

스페인의 남부에 위치한 안달루시아는 스페인 문화 예술을 대표하는 지역이다. 특히 이슬람 문화와 스페인 문화가 섞인 독특한 문화적 정체성이 있다. 스페인의 대표적인 화가와 음악가인 디에고 벨라스케스, 파블로 피카소, 안드레스 세고비아가 배출된 지역이자 플라멩코의 발상지이다.

추천 플라멩코 타블라오

• 마드리드 •

코랄 데 라 모레리아(Corral de la Morería)
1956년 문을 연 마드리드에서 가장 오래된 플라멩코 공연장 중 하나. 미슐랭 1스타의 식사를 즐기는 고급스러운 분위기의 공연장.

카르다모모(Cardamomo)
현대 젊은 예술가들의 역동적인 공연을 즐길 수 있는 공연장.

타블라오 플라멩코 1911(Tablao Flamenco 1911)
세계에서 가장 오래된 플라멩코 하우스. 플라멩코의 거장 안토니오 차콘이 운영한다.

• 세비야 •

엘 아레날(El Arenal)
세비야 특유의 정취와 함께 높은 수준의 공연을 감상할 수 있다.

카사 델 플라멩코(La Casa del Flamenco)
안달루시아 스타일의 공연을 가깝게 느낄 수 있다.

플라멩코 박물관
전설적인 플라멩코 댄서인 크리스티나 오요스에 의해 설립된 세계 최초의 플라멩코 박물관. 매일 수 차례 안달루시아 지방의 전통 플라멩코 공연을 한다.

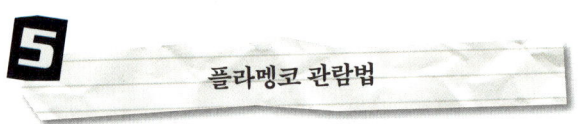

플라멩코 관람법

공연장
극장식 레스토랑 '타블라오(Tablao)'를 예약하자.

관람 예절
공연 중 박수와 함성은 눈치껏. 박수(팔마스)는 리듬과 연결되어 있어, 관객의 박수가 공연의 흐름을 방해할 수 있다. 공연이 끝난 후 스페인어로 "케아르테(Que Arte, 예술이다!)"라고 응원해주자.

감상 포인트
춤과 노래, 기타 연주가 어우러진 공연이니, 전체적인 조화를 보자. 무용수들의 전통의상과 표정, 발 동작(파소), 손과 팔의 동작(마노, 브라세오)에 주목하자.

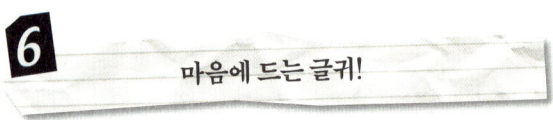

마음에 드는 글귀!

"사랑은 반역자의 아이, 누구도 길들일 수 없어.

사랑은 자유로운 새, 아무리 불러도 오지 않네."
- 오페라 카르멘 '하바네라'의 가사 -

"두엔데는 피를 통해, 입술의 가장자리를 통해,
빈 발바닥을 통해 오는 힘이다.
이는 이성의 힘이 아니라 피의 힘이다."
- 페데리코 가르시아 로르카(스페인 시인) -

"플라멩코는 안달루시아의 영혼이며,
그 영혼의 가장 깊은 곳에서 우러나오는 외침이다."
- 호세 오르테가 이 가세트(스페인 철학자) -

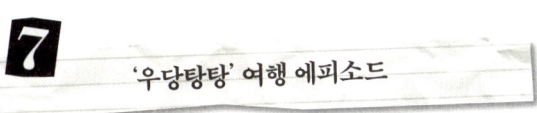

7 '우당탕탕' 여행 에피소드

조카와 공연장 근처 광장에서 만나기로 약속했다. 어둑한 저녁, 멀리서 준수한 동양 청년이 걸어온다. 이모 기내용 캐리어 ½을 빌려 짐을 꾸역꾸역 넣어왔는데, 그중에 클래식한 겨울 코트도 있었구나. 정장 외투를 차려 입고 중세 거리를 걸어오는 모습이… 멋지다, 조카. 덕분에 우린 야외 바 테이블에서 공연 전에 식전주도 마시고, 공연장까지 데이트하듯 세비야의 밤거리를 산책했다. 다 컸네, 우리 조카.

#12
세비야,
투우의 고장
'정열의 에스파냐'

오후 5시 여전히 작열하는 태양 아래, 상기된 표정의 수많은 사람들이 좁은 골목길을 따라 세비야의 마에스트란사 투우장으로 향한다. 경기 시작을 알리는 나팔소리가 들린다. 관중들의 열기로 뜨겁게 달구어진 모래사장 위에 황금빛 자수 복장을 입은 투우사들이 등장한다. 관중석은 우레와 같은 환호성으로 들썩인다. 경기 시작 신호가 울리자, 약 500kg 몸무게로 위압감을 풍기는 시커먼 성난 황소가 뛰쳐나온다. 며칠간 어둠 속에 갇혀 있다가 갑자기 밝은 빛과 함성 속에 던져진 황소는 분노에 찼다. 날카로운 뿔을 휘두르며 경기장을 휘젓자 모래먼지가 폭풍처럼 일어난다.

오늘의 주인공, 눈부신 황금색 복장의 마타도르가 등장한다. 선명한 붉은색 물레타(천)을 들고 중앙에 선 그가 미동 없이 황소를 바라본다. 황소가 방향을 급선회해 돌진한다. 그러자 마타도르는 우아하게 몸을 비틀어 아슬아슬하게 황소를 피한다. 비명을 지르며 눈을 질끈

감은 여성들이 환호성 소리에 살짝 눈을 뜬다. 상처없이 서 있는 마타도르를 보고서야 안도의 한숨을 내쉰다.

목숨을 건 혈투는 비극적이면서 아름답다. 강렬한 현대 무용을 보는 것 같다. 공연의 막바지. 이미 지칠 대로 지친 황소의 몸에는 작살이 여러 대 꽂혀 있다. 모래 바닥으로 시뻘건 피가 주르륵 흘러내린다. 거친 숨소리를 뿜어내며 형형한 눈으로 마타도르를 노려보는 황소는 마지막 힘을 모으고 결전을 기다린다. 마타도르도 천천히 숨을 가다듬는다. 오른손에 쥔 피 묻은 검을 소를 향해 높게 내려 꽂을 자세로 바꾸고, 왼손엔 붉은 물레타를 펼치고 준비를 완료한다. 관중석도 쥐 죽은 듯 조용하다.

드디어 피날레. 정확하게 내려꽂혀진 검. 눈깜빡 할 사이에 치열했던 결전이 끝났다. 바닥에 쓰러져 피땀 범벅이 된 황소는 마지막 숨을

힘겹게 내쉬고 생명의 불꽃이 꺼졌다. 그 옆에 선 마타도르는 관중들을 향해 물레타를 우아하게 휘두르며 승리의 인사를 한다. 흥분한 관중들은 벌떡 일어나 흰 수건을 흔들며 '올레'를 힘차게 외친다.

세비야는 스페인에서 가장 에스파냐스러운 도시다. 그 중심에 투우가 있다. 250년 역사를 품은 마에스트란사 투우장은 스페인에서 가장 오래됐다. 노란 벽돌의 우아한 외관이 르네상스 양식의 아름다움을 뽐낸다. 12,000명 관중석을 가진 대형 원형 투우장의 갤러리 복도엔 투우 명화와 빈티지 포스터가 가득하다. 타임슬립을 해서 투우장의 명장면 속에 관중으로 있는 것 같은 착각이 든다.

특히 갤러리에서 이 세 작품을 보면 투우 경기를 3막으로 구성된 공연을 관람한 것 같다. 20세기 초 스페인의 인상주의 화가 호아킨 소로야(Joaquín Sorolla)의 [투우사의 인사(El saludo del torero)]는 투우 경기

시작 전의 긴장감과 기대감을 포착한다. 화려한 "트라헤 데 루세스(traje de luces)" 의상을 입은 투우사가 관중들에게 모자를 올려 인사하는 모습이 아름답고 밝게 표현됐다. 원래 비극이 시작되기 전은 아름다운 법이다. 프란시스코 고야의 1793년 작품 [부상당한 피카도르]는 투우 경기의 위험과 비극적인 장면을 생생하게 보여준다. 등에 여러 개의 창이 꽂힌 성난 검은 황소 앞에는 투우사 피카도르가 공포에 질려 말에서 떨어졌다. 화려했던 의상은 찢기고 더러워졌다. 그 옆에는 황소 뿔에 받혀 창자가 배 바깥으로 나온 말도 쓰러져 있다. 주변에는 다른 투우사들이 황소의 주의를 돌리려고 필사적으로 노력하고 있다. 투우사들이 겪는 생사의 두려움이 생생하게 전해진다. 세비야 출신 화가 호세 빌레가스 코르데로(José Villegas Cordero)의 [투우사의 승리]는 승리를 거둔 당당한 투우사의 모습이 인상적이다. 투우는 예술가들에게 끝없는 영감의 원천이었다. 한편의 드라마가 펼쳐진 듯한 다이내믹한 투우 경기의 장면을 담은 명화들을 보면 투우사에 대한 관심이 솟아오른다.

스페인에서 죽음을 무릎 쓴 용기로 예술의 경지에 오른 투우사는 전통의 수호자이자 문화 아이콘으로 사람들로부터 많은 존경과 경의를 받는다. 세비야 골목길과 레스토랑에는 투우사의 동상과 포스터, 사진도 많고, 문학작품의 페르소나로도 종종 등장한다. 전시장에선 플라멩코의 화려한 무희 복장에 버금가게 황금빛으로 빛나는 자수와 장식으로 가득한 투우사의 복장인 '트라헤 데 루세스(Traje de luces)'를 살펴봐야한다. 황토색 모래와 검은 황소에 대비를 이룬 화려한 원색과 황금빛이 투우사의 동작을 두드러지게 만들어준다. 태양과 영광을 상징하는 황금색, 피와 열정을 상징하는 분홍색이 많이 사용된다. 투우사의 계급을 보여주는 어깨 장식까지, 전통과 위엄을 담은 화려한 복장이 예술적이다. 기능적으로도 두꺼운 소재는 투우사를 보호한다. 황소를 자극하는 붉은 물레타를 휘날리는 투우사가 화려한 몸

짓으로 아슬아슬 소를 피할 때마다 햇빛에 옷이 황금빛 무리를 만들어 내는 광경은 투우 경기를 더욱 극적이었을 것이다.

삶과 죽음, 광기와 아름다움이 어우러진 그림들과 화려한 투우사의 복장, 많은 피를 머금었을 창과 칼을 보다 왠지 가슴이 쫄려서 원형 경기장으로 나와 휴~ 하고 숨을 내쉬었다. 원형 경기장 가운데 서니 저 끝에서 성난 황소가 지금이라도 튀어나올 것 같다. 눈을 감으니 귓가에 강렬한 음악과 함께 '파소 도브레' 공연이 떠오른다. 마타도르와 황소의 대결은 꼭 투우 경기장에서만 맛볼 수 있지 않다. 공연장과 길거리에서 무희들에 의해서 그 강렬한 대결의 순간을 간접 경험할 수 있다. 스페인의 전통춤인 파소 도브레는 투우에서 영향을 받았다. 라틴 춤 중에 유일하게 여성이 아닌 남성 댄서가 돋보이는 역할을 한다. 남성은 투우사, 여성은 빨간 물레타나 황소의 역할을 한다. 파소 도브레의 음악은 투우사가 투우장에 입장할 때 연주되는 행진곡이다. 마타도르가 플라맹코 댄서처럼 우아하게 몸을 비틀어 황소의 뿔을 스치는 동작은 목숨을 건 죽음의 춤이다. 파소 도브레 댄서는 빠른 스텝의 춤을 통해 이 드라마틱 하고 박진감 넘치는 결전을 표현한다.

현대에 이르러 투우는 많은 도전에 직면하고 있다. 동물보호자들의 거센 반대로 스페인에서도 마드리드와 세비야 정도를 제외하고는 투우 경기가 금지되고, 젊은 세대의 관심도 예전만 못하다. 그래서 새로운 세대의 투우사들은 전통을 지키면서 변화를 모색한다. 덕분에 세비야 투우는 여전히 살아있는 스페인 문화의 현장으로 명맥을 이어간다. 마에스트란사 투우 경기장이야말로 단순한 스포츠가 아니라 에스파냐의 뜨거운 정열, 전통과 문화를 찐하게 경험할 수 있는 세비야 필수 여행 코스다.

세비야, 투우의 열정, 흐느끼다.

Culture Tips!

1. 전설적인 투우사

쿠로 로메로 (Curro Romero)

70세까지 현역으로 활약한 현대 투우의 살아있는 전설이다. '세비야의 황제'로 불린다. 우아하고 고전적인 스타일의 정통 마타도르다. 수많은 승리로 "가장 많은 귀를 얻은 투우사"인 동시에, 형편없는 무대로 "가장 많은 쿠션"을 맞은 투우사라는 상반된 평가를 받았다.

후안 벨몬테 (Juan Belmonte)

20세기 초 투우계에 혁명을 일으킨 투우사다. 그는 황소의 뿔에서 불과 몇 센티미터 거리까지 접근해서 거의 움직이지 않고 서서 천을 능숙하게 사용해 소의 돌진을 유도했다. '네 번의 올레(환호)와 한 번의 비명의 투우사'로 알려진 위험천만한 투우 스타일 때문에 그는 수없이 소의 뿔에 받혔다. 혁신적인 벨몬테 스타일은 투우를 단순한 구경거리에서 예술의 경지로 격상시켰다.

2. 투우 용어

코리다 데 토로스 (Corrida de toros)

스페인어로 '투우'를 의미하는 정식 명칭.

마타도르(Matador)
소에게 최후의 일격을 가하는 주역 투우사. '죽이는 사람'이라는 뜻.

토레로(Torero)
투우장에서 활동하는 모든 투우사를 지칭하는 일반적인 용어.

트라헤 데 루세스(Traje de luces)
투우사들이 입는 화려한 의상. '빛의 의상'이라는 뜻.

물레타(Muleta)
투우사가 사용하는 붉은 천.

올레(Olé)
투우 경기 중 관중들의 환호성.

승리한 투우사를 위한 전통

투우사의 용기와 기술을 찬양하는 의미로 대결에서 승리한 투우사는 소의 귀를 받는다. 최고의 투우사는 소의 꼬리를 받기도 한다.

4 투우 경기 시즌과 관람 에티켓

시즌

투우 경기는 봄(4월 말~6월 말)과 가을(9월경)에 열린다. 4월 말에서 5월 초에 열리는 페리아 데 아브릴(Feria de abril) 축제 기간에는 매일 경기가 열린다.

진행 방식

통상 여섯 마리의 소가 등장하고, 각 대결은 약 20~30분 정도다. 경기가 시작하면 말을 탄 투우사가 긴 창으로 소에게 상처를 입혀 소의 힘을 뺀다. 이어서 세 명의 투우사가 소의 등에 짧은 창을 두 개씩 꽂아 소를 흥분시킨다. 마지막으로 마타도르가 물레타를 사용해 소와 직접 대결해 칼로 소의 숨통을 끊으며 경기를 끝낸다. 이 피날레를 진실의 순간(El momento Supremo)이라 부른다.

관람 에티켓

경기 중에 투우사나 소가 극도로 예민하니, 경기 중에 큰 소리로 대화하거나 불필요한 움직임은 자제하자. 특히 클라이맥스인 마타도르의 '진실의 순간'에는 절대적으로 조용해야 한다. 다만 경기 중에 투우사가 훌륭한 기술을 선보이거나, 소가 드라마틱한 장면을 자아내면 박수를 보내면서 격려해도 좋다.

작가 헤밍웨이의 작품 속 투우의 매력!

"이제 전쟁이 끝났으니 삶과 격렬한 죽음을
볼 수 있는 유일한 곳은 투우장 안이다.
그래서 나는 그것을 탐구할 수 있는 스페인으로 가기를
원했다. 나는 가장 단순한 표현을 글쓰기에서
추구하고 배우려 한다. 모든 것 중 가장 단순하고
가장 본질적인 것은 투우장에서의 격렬한 죽음이다."

 '우당탕탕' 여행 에피소드

이모가 세비야의 아트 수공예 마켓을 휘젓고 다닐 때, 조카는 숙소에서 끙끙 앓았다. 조카가 찜한 보양식은 생소한 '파이브 가이즈(Five Guys)'의 햄버거. 조카 말을 빌면 미국 3대 햄버거가 쉑쉑버거, 인앤아웃버거, 파이브 가이즈라고. 시작은 미국의 한 부부가 다섯 아들을 위해 시작한 작은 햄버거 가게였다. 땅콩기름을 이용한 감자튀김이 맛있는데, 매장에서 기다리는 동안 고객들이 허기를 달래도록 땅콩을 무료 제공한다. 아픈데 웬 햄버거냐고 타박을 했지만, 조카를 위해 치즈버거를 배달했다. 조카가 빨리 감기를 털어내기를 바라며 크레용 낙서를 매장에 붙여놨는데… 조카는 모르지, 이모 마음?

#13
아름다운 세비야의 밤, 산타크루즈 타파스 바

아름다운 세비야의 밤, 산타크루즈 타파스 바

"열려라~ 참깨"

[아라비안나이트]의 주인공 세헤라자데는 폭정을 일삼던 남편 샤흐랴르 술탄에게 천 하루 동안 매일 밤마다 재미난 이야기를 들려준다. 이 주문은 그녀가 들려준 [알리바바와 40인의 도둑]에서 도둑들이 보물을 숨겨둔 동굴을 열기 위한 거다. 술탄은 이야기가 재미없으면 다음 날 그녀를 참수형에 처하기로 했다. 그러나 얼마나 이야기가 재미났던지 그녀는 뛰어난 말솜씨 덕분에 목숨도 부지하고 오히려 왕의 마음도 치유했다.

스토리텔링의 힘이 얼마나 강력한지를 보여주는 좋은 예다. 여행도 스토리텔링이 가미되면 그 경험이 풍부해진다. 이번 여행은 '세비야의 세헤라자데'인 건축가 덕분에 세비야의 매력에 빠졌다. 어릴 적 조카는 건축가를 꿈꿨다. 그래서 예전에는 종종 "조카, 나중에 건축가가 되면 이모를 위해 집 한 채 지어줘."라고 종종 말했다. 그런데 조카는 이

제 대학에서 물리천문학을 전공하고 밤하늘의 별로 꿈을 설계한다. 건축에 대한 관심이 많은 조카는 세비야의 건축기행을 경험하고 싶어 했다. 그래서 마이리얼트립을 통해 현지 건축가의 스토리텔링과 함께 하는 골목길 타파스 투어를 신청했다. 결과는 만족스러웠다. 세비야 골목길을 걸으면서 눈앞에서 오페라의 한 장면이 펼쳐지는 것 같은 흥미진진한 여행 경험이 됐다. 세비야는 건축과 골목골목이 매력적인 곳이다. 오페라 [돈 조반니]의 무대가 된 골목들은 이 도시의 매력을 잘 담고 있다. 희대의 바람둥이 '돈 후앙'의 숨결을 느낄 수 있는 장소들이 세비야의 산타크루즈 골목길 곳곳에 숨어 있다.

산타크루즈 지역은 한때 유대인 지구였다. 유대인들이 추방된 후 세비야 귀족들이 정착하며 고급 주택가로 변모했다. 주택들은 무데하르와 고딕 스타일이다. 작은 베란다와 내부 정원들은 여전히 중세의 분위기를 간직하고 있다. 좁고 구불구불한 골목은 마치 미로 같다. 베란다 사이 거리가 가까워서 '키스 골목'이라 불린다. 이러한 배경은 오페라 [돈 후안]에서 그가 연인들과 은밀하게 만나는 장면과 잘 어우러진다. 산타크루즈 골목에선 예술적인 타일로 장식된 휘장이나 문양들을 발견할 수 있다. 벽에 붙은 안내판에는 오페라와 관련된 장소에 대한 설명이 적혀 있어 골목 탐방의 즐거움을 더해 준다. 오페라 [카르멘]에선 산타크루즈 골목에 있는 공장에서 카르멘과 돈 호세가 처음 만났다. 세비야 골목은 수많은 오페라 속 이야기의 무대다.

중세의 예술적 분위기를 여전히 간직한 유대인 거리의 또 다른 매력은 오렌지 나무들, 숨겨진 아기자기한 상점들과 맛집들이다. 자정에도 활기를 띠는 타파스 바들은 세비야의 밤을 즐기기에 좋았다. 특히 안달루시아 지방의 전통 음료인 틴토와 클라라에 어울리는 다양한 타파스를 즐기는 '타파스 바 호핑'이 즐거웠다. 하이라이트는 현지인들

만 아는 허름한 선술집 돌바닥에 쪼그리고 앉아 관람했던 플라멩코 공연이었다.

또 다른 건축명소는 '스페인 광장'이다. 이 광장은 영화 '스타워즈' 2편의 촬영지로 유명하다. 스페인 최고 건축가 아니발 곤살레스가 라틴 아메리카 박람회를 위해 설계했는데, 특이하게 건축물은 웅장한 반원 형태를 이루고 있다. 그 모습이 마치 날개를 펴고 하늘로 비상을 하려는 새와 같은 느낌을 받는다. 중앙의 인공 호수는 로맨틱한 분위기를 자아낸다. 스페인의 50개 주를 상징하는 타일 그림들이 광장의 벽면을 화려하게 장식한다. 스페인 사람들은 자신의 출신 주 앞에서 사진을 찍으며 자부심을 느낀다. 스페인 광장을 둘러보며 여러 휘장과 그 스토리를 접하는 것도 또 다른 재미다. 안달루시아 지역의 휘장은 사자와 성모 마리아를 담아, 역사적 상징성을 강조한다. 카탈루냐의 휘장은 빨간색과 금색으로 독립성과 문화적 자부심을 나타낸다. 갈리시아는 파란색과 흰색을 사용하여 해양 문화를, 발렌시아는 오렌지 색상으로 농업 문화를 표현한다. 특히 안달루시아 휘장은 세비야의 여러 건축물에서 볼 수 있다. 알카사르 왕궁 입구에서 볼 수 있는 '알카사르 가문'의 휘장에는 붉은색과 은색의 방패 위에 무어 양식의 건축물을 상징하는 문양이 새겨져 있다. 가문의 역사적 배경을 상징적으로 표현했다. 이 휘장들을 통해

세비야의 골목들은 이야기를 더욱 생생하게 전해준다. 이러한 경험들은 세비야의 길거리에서 건물 벽에 붙어 있는 작은 표식들을 주의깊게 보게 만든다.

   낮의 세비야 건축 기행은 두 개의 다른 문화권의 만남으로 흥미롭다. 알카사르 궁전은 이슬람 양식과 기독교 건축양식이 융합된 대표적인 무데하르 스타일의 궁전이다. 이 궁전은 10세기 이슬람 칼리프에 의해 지어졌으며, 이후 여러 스페인 왕들이 새로운 건축을 덧붙여 지금의 웅장한 모습이 탄생했다. 화려한 타일 장식과 섬세한 아라베스크 문양이 돋보인다. 특히 왕궁의 정원은 꽃과 오렌지 나무로 가득하며, 이슬람 양식의 수로와 분수들은 고요함과 낭만을 동시에 선사한다. 궁전 곳곳에서 알카사르 휘장을 찾아보면서 탐방의 즐거움을 만끽했다. 세비야 대성당은 세계에서 가장 큰 고딕 성당 중 하나다. 성당은 이슬람 사원이었던 장소에 세워졌기 때문에, 무슬림과 기독교 건축 요소가 혼재된 독특한 매력이 있다. 특히 세비야의 전경을 한눈에 볼 수 있는 히랄다 탑은 원래 무슬림의 미나레트였는데, 이후 종탑으로 개조됐다. 세비야 대성당 내부에는 그 유명한 크리스토퍼 콜럼버스의 무덤이 있다.

   깜깜한 밤하늘에 별이 선명하게 빛나는 자정까지 우리는 느끼고 취하고 젖어들었다. 산타크루즈 골목과 미식들, 플라멩코의 향연, 그리고 세비야의 매력적인 이야기들…… 완벽하게 세비야에게 매혹 당한 밤. 황홀한 완패다.

Culture Tips!

 산타크루즈 지역의 타파스바 추천

바 엘 리콘칠리오(Bar El Rinconcillo)
1670년부터 운영중인 세비야에서 가장 오래된 타파스 바. 전통적인 안달루시아 요리를 맛볼 수 있다. 특히 하몽 이베리코와 틴토는 오랜 역사의 맛을 그대로 담고 있다.

보데가 산타 크루즈(Bodega Santa Cruz)
세비야에서 가장 유명한 타파스 바. 특히 꿀을 뿌린 가지 튀김과 명란 요리가 인기다.

에스라바(Es Rabá)
타파스 대회에서 수상한 타파스바. 창의적인 타파스를 제공한다.

 현지인처럼 타파스 바를 즐기는 방법

여러 바를 돌아다니며 시그니처 타파스를 다양하게 맛보는 '타파스 바 호핑'에 도전해 보자. 타파스와 어울리는 음료를 페어링 하자. 현지인들은 주로 카바(스파클링 와인), 베르무트(식전 주), 화이트 와인을 즐긴다. 선 채로 타파스를 나눠먹으며 활기차게 시끌벅적한 시간을 보내는 현지인들과 함께 잊지 못할 세비야의 밤을 경험해 보자.

e-티켓팅은 필수

코로나 이후 여행 문화가 많이 디지털화됐다. 세비야 건축기행의 필수 코스인 알카사르 궁전과 세비야 대성당, 히랄다 탑은 워낙 관광객들에게 인기인지라 티케팅은 필수다. 그래도 꽤 긴 줄을 서야 한다.

4 스페인 시인 "페데리코 가르시랑 로르카"의 작품 속 세비야!

"세비야는 오렌지와 올리브의 나라,
사랑과 화살의 도시"

 '우당탕탕' 여행 에피소드

이모는 충동적이고 호기심이 많은 돈키호테다. 여행지에선 골목길에서 정처 없이 길을 잃고 헤매는 걸 좋아한다. 그러다 우연히 발견한 취향 저격 상점들을 둘러본다. 조카는 계획적이고 느긋한 산초다. 하루에 2개 정도 미리 계획한 관광 포인트만 소화하면 여행에 만족한다. 조카에게 사전 e-티켓팅은 필수다.

#14
리스본의
잊지 못할 '파두'
하우스 콘서트

1820년 7월, 어느 무더운 여름날. 리스본의 서민들이 거주하는 모우라리아 지구에서 방금 태어난 아이의 우렁찬 울음소리가 들린다. 매춘부 어머니와 집시 아버지 사이에서 태어난 비운의 여자 아이는 성장해서 파두의 전설이 될 운명을 타고났다. 아이의 이름은 마리아 세베라. 딸은 엄마의 삶을 닮는다고 했던가? 먹고 살기 위해 엄마와 같은 매춘부의 삶을 택할 수밖에 없었던 마리아. 그러나 그녀에게 특출난 재능이 있었는데, 바로 영혼을 사로잡는 목소리다.

태양이 지고 어둠이 내려앉은 리스본의 골목. 어스름한 조명이 입구를 비추는 허름한 레스토랑에서 기타 소리에 맞춘 구슬프고 애달픈 노랫소리가 들린다. 목소리에 이끌려 레스토랑 문을 열면, 담배 연기 자욱한 무대 위에 올리브색 피부의 앳된 아가씨가 검은 숄을 걸치고 영혼을 울리는 노래를 부르고 있다. 포르투갈 최초의 파디스트(파두 가수) 마리아다. 관중들은 홀린 듯 와인향에 취하고, 그녀의 노래에

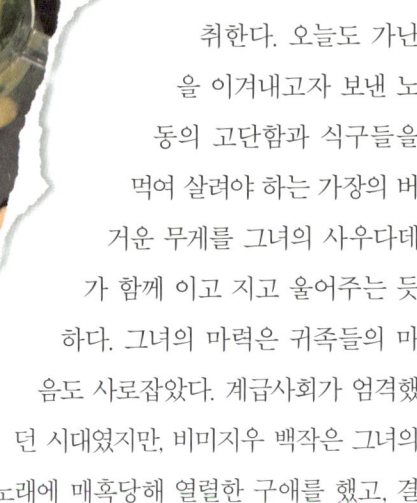

취한다. 오늘도 가난을 이겨내고자 보낸 노동의 고단함과 식구들을 먹여 살려야 하는 가장의 버거운 무게를 그녀의 사우다데가 함께 이고 지고 울어주는 듯하다. 그녀의 마력은 귀족들의 마음도 사로잡았다. 계급사회가 엄격했던 시대였지만, 비미지우 백작은 그녀의 노래에 매혹당해 열렬한 구애를 했고, 결국 그들은 운명적인 사랑에 빠졌다. 귀족과 매춘부의 용납될 수 없는 사랑의 결말은 희극일 수 없다. 26세의 젊은 나이에 폐결핵으로 사망한 그녀의 사우다데는 파두의 전설이 됐다. 그녀의 뒤를 잇는 파디스트들은 무대에서 검은 옷과 숄을 착용하여 마리아를 기리며 그녀의 사우다데를 현재까지 구슬프게 퍼트린다.

포르투갈의 국민음악 '파두'는 비극의 음악이다. 파두는 영혼의 울림이라 표현되는 '사우다데(saudade)'를 담고 있다. 한국인의 '한'과 같은 애절한 정서다. 비극적인 음악 속엔 항상 드라마틱한 비련의 여주인공이 등장한다. '파두의 어머니'라 불리는 마리아 세베라(Maria Severa Onofriana)의 삶의 궤적을 따라가보면 파두의 사우다데를 조금은 이해하게 된다.

스페인에서는 '플라멩코', 포르투갈에서는 '파두(Fado)' 공연 관람이

위시리스트였다. 파두는 '숙명'이라는 뜻의 라틴어 '파툼(Fatum)'에서 따왔다. 15-16세기 외로움과 향수병을 앓던 선원들이 부르기 시작한 게 파두의 시초다. 또 사랑하는 남편과 아들을 바다로 떠나보낼 수밖에 없던 가난한 나라 포르투갈 여인들의 그리움과 절절함이 담겨 있다. 애통함이 담긴 판소리의 구음 같은 가수의 애절한 노래를 12줄의 포르투갈 기타 반주가 격정적으로 감싸면서 음악이 진행된다.

파두로 잘 알려진 대표적인 도시는 리스본과 코임브라다. 항구 도시의 정서를 담아 주로 여성 가수들이 부르는 전통적인 파두가 리스본 스타일이다. 코임브라는 대학 도시의 분위기를 반영한 연인을 향한 세레나데 스타일이다. 리스본은 파두 공연을 감상하기에 최적의 도시다. 골목골목 다양한 곳에서 파두 공연이 이루어지기 때문에 취향에 맞춰서 공연을 관람하기 좋다.

리스본 분이 있지 못할 '파두' 하우스 콘서트

조카와 함께 선택한 파두 경험은 에어비앤비 하우스 콘서트였다. 파두 애호가인 훔베르토가 그의 아파트에 여행자와 친한 파두 뮤지션들을 초대해서 작은 콘서트와 더불어 파티 음식을 즐기는 경험을 제공했다. 해 질 무렵 재개발지역 같은 허름한 역 근처 집을 찾아갈 때는 약간의 두려움도 있었다. '시내 유명 파두 하우스에서 편안하게 공연을 즐길 걸 그랬나?' '괜히 현지인처럼 모던한 파두를 즐기는 특별한 경험을 하겠다고, 이상한 동네에 와서 험한 꼴 당하는 건 아닌가?' 그러나 약속 장소에서 호스트를 만난 순간 걱정도 기우였다는 생각이 들었다. 친근한 인상의 훔베르토는 영국, 스위스, 이탈리아, 한국, 일본, 홍콩에서 온 여행자들을 따뜻하게 맞이해 주었다. 리스본 외곽지역 허름한 동네 골목 어귀에서 만난 십여 명의 여행자들은 훔베르토의 웰컴 드링크 진자를 길거리에서 마시면서 통성명을 하며 어색함을 떨궈냈다.

아파트는 여행자들과 뮤지션들이 자리를 잡자 서로 어깨를 부딪힐 정도로 좁았다. 실제 리스본 사람이 생활하는 공간에 들어와 일상을 엿볼 수 있어서 좋았다. 그의 가족들이 정성스럽게 준비한 치즈, 하몽, 포도, 올리브, 크래커에 각종 와인까지 즐기면서 대화를 나누다 보니, 어느새 12월 추운 겨울 움츠려 들었던 몸과 마음이 풀어졌다. 조카도 약간은 어색하지만 외국인 여행자들과 대화도 하면서, 음식을 옆으로 옮겨주고 나눠주면서 이 공간에 잘 스며든다. 살짝 걱정을 했는데, 조카가 잘 어울려서 다행이다. 이제 슬슬 이야기 소리가 잦아들고, 기타 조율 소리가 들린다. 파두 하우스 콘서트가 시작된다.

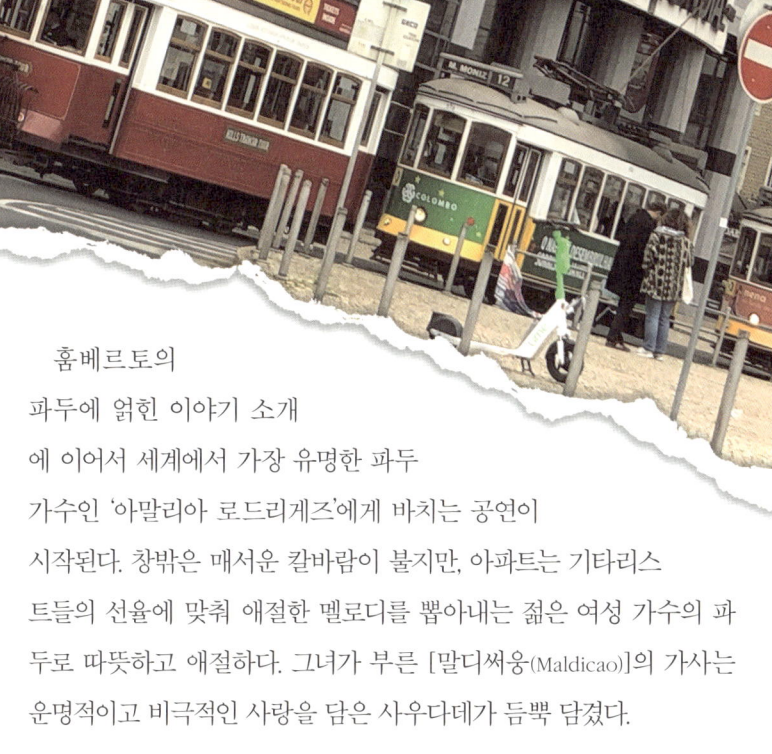

훔베르토의 파두에 얽힌 이야기 소개에 이어서 세계에서 가장 유명한 파두 가수인 '아말리아 로드리게즈'에게 바치는 공연이 시작된다. 창밖은 매서운 칼바람이 불지만, 아파트는 기타리스트들의 선율에 맞춰 애절한 멜로디를 뽑아내는 젊은 여성 가수의 파두로 따뜻하고 애절하다. 그녀가 부른 [말디써웅(Maldicao)]의 가사는 운명적이고 비극적인 사랑을 담은 사우다데가 듬뿍 담겼다.

"서로에게 가는 길을 잃은 채
우리는 침묵하는 두 개의 외침
만나지 못한 두 개의 운명
하나가 될 수 없는 두 연인
나는 당신으로 인해 고통받으며 죽어가네
당신을 찾을 수도 이해할 수도 없네
이유 없이 사랑하고 증오하네"

훔베르토는 여행자들에게 절절한 전통 파두뿐 아니라 젊은 세대들이 좀 더 쉽게 접근할 수 있는 밝은 파두도 소개했다. 파두도 세대의 변화에 맞춰서 신구세대를 넘나들면서 그 색깔을 넓혀가고 있다.

이날 공연의 주인공인 아말리아 로드리게즈(Amália Rodrigues)는 리스본에서 태어났다. 초등학교를 졸업하자마자 공장에서 일하고, 길거리에서 손님을 끌기 위해 노래를 부르며 과일을 팔아 돈을 벌었다. 우연한 기회에 카바레에서 노래를 부르는 가수의 길에 입문해 성공적인 커리어를 쌓는다. 평생 170개 앨범을 내며 왕성한 활동을 하고, 그녀가 사망하자 3일간 국가 애도 기간이 선포될 정도로 포르투갈인의 사랑을 받았다. 특히 1954년 그녀가 극 중에서 검은색 드레스와 숄을 두른 파두 가수로 [검은 돛배(Baroco Negro)] 노래를 부른 장면이 담긴 프랑스 영화 [과거를 가진 애정(Les Amants Du Tage)]이 공전의 히트를 쳤다. 그녀는 글로벌 스타이자 '파두의 여왕'으로 등극했다. 덕분에 파두도 대표적인 월드 뮤직의 장르로 부상하게 됐다.

파두 콘서트의 여운이 길게 남아, 귀국해서 포르투갈 타일 장식 아줄레주가 음반 커버인 아말리아 로드리게즈의 LP [FADO: Amalia Rodrigues Collection]를 구매했다. 특히 유명한 곡 [검은 돛배]는 들어도 들어도 질리지 않는 마력이 있다. 이모와 조카가 서로 어깨를 기대고 눈 감고 몸을 흔들며 들었던 리스본 파두 하우스 콘서트. 이제 파두 음악을 들으면 언제든 기억의 상자에서 소환될 것 같은 조카와의 예쁘고 따뜻한 추억이 생겼다.

Culture Tips!

 파두의 기원설

가장 유력한 기원설은 1800년경 항해에서 돌아온 이들이 전한 브라질의 모디냐와 아프리카의 룬둠 음악이 포르투갈 정서와 결합해 탄생했다는 설이다. 포르투갈의 지리적 특성, 대항해 시대의 역사, '사우다데' 정서, 그리고 문화적 교류를 잘 설명한다.

 파두공연의 구성

파디스타(Fadista)
파두의 감정을 전달하는 핵심 역할을 담당하는 가수. 전통적으로 검은색 복장을 입는다.

기타리스타(Guitarrista)
12현으로 이루어진 포르투갈 기타 연주자가 멜로디를 담당한다.

비올리스타(Violista)
화음과 리듬을 담당하는 클래식 기타(Viola) 연주자이다.

리스본의 파두 하우스 추천

• 200년 전 마리아의 시공간으로 옮겨가 전통적인 공연을 즐기고 싶다면 •

카페 루소(Café Luso)
바이후 알토 지구. 1930년대부터 운영. 전통적인 포르투갈 요리와 함께 클래식한 파두 공연을 제공한다. 고풍스러운 인테리어와 함께 깊은 감성을 느낄 수 있다.

오 파이아(O Faia)
바이후 알토 지구. 1947년부터 운영된 이곳은 유명한 파두 가수들이 공연하는 파두 하우스. 전통적인 분위기와 함께 고급스러운 식사를 즐길 수 있다.

클루브 드 파두(Clube de Fado)
알파마 지구. 전통적인 파두 공연을 제공하며, 역사적인 분위기를 느낄 수 있는 공간이다. 다양한 파두 가수들이 출연하여 깊은 감정을 전달한다.

• 현지인들이 즐겨 찾는 젊은 파두를 보고 싶다면 •

타스카 두 시아두 (Tasca do Chico)
알파마 지구. 캐주얼한 분위기로 아마추어 가수들의 공연이 자주 열리는 곳이다. 현지인들에게 인기 있으며, 부담 없는 가격으로 파두를 즐길 수 있다.

파두 바(Fado Bar)

바이후 알토 지구. 젊은 층이 많이 찾는 바 형태의 공간으로, 라이브 음악과 함께 음료를 즐길 수 있다. 캐주얼하고 자유로운 분위기가 매력적이다.

리스본 엠 파두(Lisboa em Fado)

알파마 지구. 소규모 공연장에서 젊은 아티스트들이 다양한 스타일의 파두를 선보이는 곳으로, 친밀한 분위기에서 공연을 관람할 수 있다.

4 진자(Ginja)

포르투갈의 대표적인 전통주. 신양벚나무 열매를 증류주에 우려 만든 24도의 강한 술로 정향과 계피 등을 첨가해 풍미를 더한다. 초콜릿 잔에 담고 잔을 깨물어 먹는 독특한 방식이다. 리스본에서 진자를 즐기는 것은 단순한 음주가 아닌 사회적 교류의 장으로 포르투갈의 사교 문화를 반영한다.

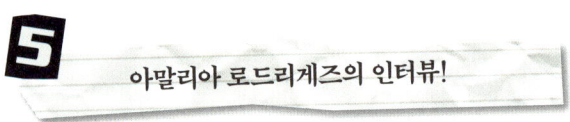

5 아말리아 로드리게즈의 인터뷰!

"가장 중요한 건 그냥 파두를 느끼는 거예요. 파두는 부르라고 있는 것이 아니에요. 그냥 생겨난 거지요. 설명하거나 이해할 필요는 없어요. 그냥 느끼세요."

6 '우당탕탕' 여행 에피소드

가벼운 짐과 깔끔쟁이 조카 덕분에 현지 빨래방을 자주 이용했다. 조카가 유럽의 소도시 골목 빨래방에서 빨래를 개키는 모습이 낯설었다. 동네 사람처럼 다른 관광객들에게 빨래방 이용법도 알려주고, 익숙하게 빨래를 정리하는 조카의 모습을 보니, 피식 웃음이 나왔다. 현지인처럼 살아보는 여행. 우린 정말 이곳의 일상 속에서 머무는구나.

#15
리스본의 스토리텔러:
28번 트램

"기억에 남는 문구가 있나요?"
"우리 인생의 진정한 감독은 우연이다. 잔인함과 자비심과 마음을 사로잡는 매력으로 가득한 감독."

영화 [리스본 야간열차]의 대사다. 깨진 안경 때문에 찾은 안과. 안과 의사 마리아나는 주인공 그레고리우스에게 책 [언어의 연금술사] 때문에 충동적으로 리스본에 왔다는 이야기를 듣는다. 그리고 그에게 질문을 건넨다. 그렇다. 그는 스위스 베른의 출근길 다리 위에서 자살을 하려는 여인을 구했다. 그리고 홀연 듯 사라진 그녀는 빨간 가죽 외투를 남겼다. 그 속에 든 포르투갈 원서 [언어의 연금술사]에서 리스본행 열차표가 툭 떨어진다. 열차는 15분 후 떠난다. 지루한 일상 속 평범한 고전문헌학 교사 그레고리우스는 그 순간 충동적으로 낯선 도시 리스본으로 향한다. 책에는 그가 가진 인생에 대한 철학적 질문이 가득했다. 그는 저자 '아마데우'를 찾아 1971년 카네이션 혁명이 생생하게 교차하는 리스본을 헤맨다.

영화 [리스본행 야간열차]를 보지 않고는 리스본을 이야기할 수 없다. 상투적이라고 해도 어쩔 수 없다. 영화 초반, 그레고리우스가 야간열차에서 내려 리스본의 빛나는 태양빛에 눈부셔했던 장면이 인상적이었다. 비가 우중충하게 내리던 스위스 베른은 어젯밤, 그의 일상이다. 그리고 오늘 아침, 그는 태양빛에 파스텔톤으로 아름다운 리스본에 있다. 낯선 여행이 시작됐다. 충동적인 일탈이 만들어낸 꿈만 같은 장소의 전환이다.

영화는 2013년 리스본을 보여주지만, 그레고리우스는 1974년 리스본 속으로 또 다른 시간 여행을 떠난다. 이때는 포르투갈을 40년 장기집권한 독재 정권을 무너뜨린 시민혁명이 일어난 시간대다. 거리에 나선 시민들은 독재 정권의 종말을 축하하기 위해서 군인들의 총구에 카네이션을 꽂았다. 그래서 '카네이션 혁명'이라 불린다.

그리고 2023년 조카와 이모는 그레고리우스를 쫓아 리스본의 트램을 탔다. 트램은 타임슬립 여행을 가능하게 한다. 아마데우와 그레고리우스가 분명히 탔을 리스본의 트램에 몸을 실었을 때, 우리는 과거와 현재가 겹치는 순간을 경험했다.

'언덕의 도시'인 리스본은 매력적인 구시가지 풍경과 100년의 세월을 간직한 트램으로 유명하다. 6개 노선 중 28번 트램이 여행자들의 러브콜을 가장 많이 받는다. 리스본의 바이후 알토, 바이샤, 알파마 지구의 총 35개 정류장을 거치며, 곡예 하듯 리스본의 좁은 골목을 누빈다. 그래서 숙소를 28번 트램 정거장 근처로 잡았다.

그레고리우스는 28번 트램을 타고 아마데우와 혁명 동지들이 거주했을 법한 알파마 지구를 무수히도 다녔을 거다. 알파마 지구는 리스본의 가장 높은 언덕 위에 위치했다. 작가를 꿈꿨던 아마데우가 개원한 병원, 친구인 조루즈를 위해 차려준 약국, 비밀경찰에게 고문을 당했던 주앙의 집도 거기에 있을 거다. 또 한 명의 인물, 조루즈와 아마데우를 사랑한 여인 에스테파니아. 비밀경찰을 피해 달아나던 아마데우와 에스피노사가 격정적인 키스를 했던 골목. 그 장면을 목격한 조루즈가 질투에 무너졌던 '혁명 속에 핀 청춘의 열정적 사랑과 배신'도 트램은 그레고리우스에게 보여줬다.

알칸테라 전망대에서 내리면 리스본의 전경이 보인다. 오렌지색 파도처럼 넘실대는 테라코타 지붕 너머 저멀리 탁 트인 테주강도 보인다. 그레고리우스는 낮에는 이곳에 앉아 기운을 차리고, 밤에는 집집마다 켜진 불빛을 지나 깜깜한 밤하늘을 바라보며 깊은 생각에 빠졌다. 과거와 현실을 오가며, 열정과 일상, 청춘과 노인의 삶이 그의 머릿 속에서 교차했다. 그는 하루가 몇십 년과 같은 리스본의 시간을 보냈다.

2023년의 이모와 조카에게 주어진

시간은 단 3일. 우린 3일짜리 교통카드 '리스보아 카드'로 트램을 타고 리스본을 누볐다. 트램은 오래된 골목길을 통과할 때 사람들에게 삐거덕거리는 경고음을 울린다. 그럴 때면 마치 리스본이 살아 숨 쉬는 듯한 느낌이다. 시작점에서 마지막 정거장까지의 트램 여행은 리스본을 여유롭게 즐기는 방법이다. 그런데 종착역인 마르팅 모니즈에서 다시 출발하는 트램을 기다리는 시간은 2시간이 넘을 수도 있다. 많은 관광객이 몰려드는 시간대를 피하거나 12번 트램을 이용해 짧은 구간을 즐기는 것도 좋은 선택이다. 12번 트램은 28번의 트윈과 같다. 28번 트램 노선 중 관광객들이 제일 선호하는 알파마 지구 12개 정류장만 순환하는 알짜배기 노선이다.

28번 트램은 구시가지와 언덕을 따라 전형적인 리스본을 보여준다. 반면, 15번 트램은 테주 강변을 따라 벨렝 지구까지 이동한다. 이 구간에서는 리스본의 현대적인 모습과 과거의 유산이 조화롭게 어우러진 풍경을 볼 수 있다. 벨렝엔 포르투갈 대항해 시대의 영광을 기념하는 건축물인 벨렝탑과 제로니무스 수도원이 있다.

다시 영화. 마지막 장면에서 리스본의 기차역. 스위스 베른행 기차가 출발을 앞둔 플랫폼 위에 마리아나와 그레고리우스가 서 있다. 배웅 나온 그녀의 마지막 대사로 영화가 끝난다. 과연 그의 선택은 무엇이었을까?

"여기에 머무르시는 건 어때요?"

Culture Tips!

1. 리스본의 아름다운 풍경을 담은 영화

리스본 스토리(1994)
음향 기사가 리스본에서 실종된 친구를 찾는 이야기다.

리스본행 야간열차(2013)
고전문헌학 교사인 그레고리우스가 우연히 구한 여성을 찾기 위해 리스본행 야간열차에 오르는 이야기다.

아나(2012)
주인공이 자신의 정체성을 찾기 위해 리스본을 여행하며 겪는 이야기다.

2. 트램의 주요 관광지

• 28번 트램: 역사 탐방 코스 •

포르타스 두 솔(Portas do Sol)
알파마 지구의 전경을 내려다볼 수 있는 전망대.

상 조르제 성(São Jorge Castle)
깊은 역사를 가진 리스본의 상징적인 성.

리스본 대성당(Sé)
리스본에서 가장 오래된 건축물 중 하나.

• 15번 트램: 미식의 코스 •

엘엑스 팩토리(LX Factory)
19세기 방직 공장을 개조한 복합문화공간.

예술 건축기술 박물관(MAAT)
미래지향적인 혁신적인 건축물.

타임아웃 마켓(Time Out Market)
타임아웃 잡지가 선정한 다양한 식당들.

 트램의 또 다른 버전: 푸니쿨라(Funicular)

리스본에는 트램과 함께 높은 언덕길을 오르내리는 교통수단으로 아센소르(케이블카) 3대-비카, 글로리아, 라브라-가 명물이다. 아센소르(Ascenso)는 19세기에 만들어진 국가 기념물이다. '푸니쿨라'라고도 불린다.

 산타 주스타 엘리베이터

리스본의 저지대인 바이샤와 고지대인 바이후 알투 지구를 연결하는 중요한 교통 수단. 45m 높이의 철강으로 만들어진 네오고딕양식의 엘리베이터로 1902년에 완공. 프랑스 엔지니어 라울 메스니에르 드 퐁사르가 파리 에펠탑에서 영감을 받아 설계했다.

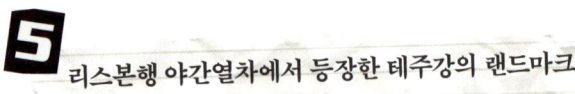

4월 25일 다리(Ponte 25 de Abril)

1966년 완성된 2,277m 길이의 유럽에서 가장 긴 현수교다. 원래는 독재자 살라자르의 이름을 딴 살라자르 다리였으나, 포르투갈의 민주화를 이끈 1974년 4월 25일 '카네이션 혁명'을 기념하여 이름을 바꿨다. 미국 샌프란시스코 골든 게이트교와 비슷하다. 두 다리 모두 아메리칸 브리지 컴퍼니가 설계했다.

크리스투 헤이(Cristo Rei)

110m 높이의 거대한 두 팔을 벌리고 선 예수 그리스도의 조각상. 브라질 리우데자네이루의 예수 동상에서 영감을 받아, 제2차 세계대전의 종전을 기념하기 위해 1959년 세워졌다.

6 영화 속 명언: [리스본행 야간열차]

"인생은 우리가 사는 그것이 아니라 산다고 상상하는 그것이다."

"우리가 우리 안에 있는 것들 가운데 아주 작은 부분만을
경험할 수 있다면 나머지는 어떻게 되는 걸까?"

"결국 자아상의 문제인가 다른 사람에게 인생을
인정받기 위해 무엇을 성취하고 경험할지 결정했던 것인가?
정말 그렇다면 죽음에 대한 공포는 계획한 대로 살지
못할 거란 두려움일 것이다. 꿈을 이룰 수 없다는 사실이
확실해지면 갑자기 삶의 방향을 잃고
인생의 진정한 주인이 될 수 없다."

"인생의 결정적인 순간은 인생의 방향이 영원히 바뀌는
순간이다. 늘 눈에 띄는 큰 사건이 일어나는 건 아니다.
사실 인생을 결정하는 극적인 순간은 종종 놀라울 정도로
사소하다. 엄청난 영향을 끼치고 삶에 새로운 빛을 비추는
일은 조용히 일어난다. 그리고 이 멋진 고요함 속에
특별한 고귀함이 있다."

"우리는 현재를 산다.
예전의 모든 일과 장소는 과거이며 대부분 잊힌다.
우리 앞에 놓인 시간으로 무엇을 할 수 있고 무엇을 해야 할까.
무한한 가능성이 있고 깃털처럼 가볍고 자유로우며
불확실함으로 버거워하던 때, 그저 꿈같은 소망일 뿐인가?
인생의 그 순간으로 돌아가 다른 선택을 할 수 있다면

우리의 삶은 달라질 것이다."

"우리는 어떤 곳을 떠날 때 우리의 일부를 남긴다. 떠나더라도 그곳에 머무는 것이다. 그리고 우리 안에 있는 무언가는 그곳에 돌아가야만 다시 찾을 수 있다. 어떤 곳에 갈 때 자신을 향한 여행이 시작된다. 그리고 자신을 알아간다. 그 여정의 길이는 중요하지 않다. 하지만 그 여행에서 외로움과 직면해야 한다. 우리의 모든 행동은 외로움에 대한 공포에서 시작되지 않는가? 그게 우리가 포기하는 이유 아닌가? 인생의 마지막에 후회하게 될 모든 것…"

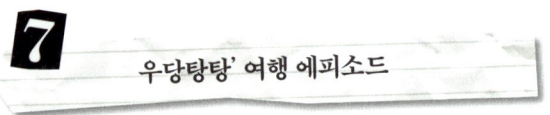

7 '우당탕탕' 여행 에피소드

이모-조카는 셀카를 안 좋아한다. 여행에서 돌아와 보니 대부분 풍광 사진 뿐, 함께 찍은 사진도, 개인 사진도 거의 없다. 이모는 나이 들면서 거울도 잘 안 보니까 그렇다지만, 우리 조카는 왜일까? 조카의 사진첩에서 이모를 멀리서 찍은 한 장의 사진을 발견했다. 고맙네. 이모의 사진첩에선 조카를 도촬한 사진 여러 장을 찾았다. 아들 안부가 궁금한 여동생에게 여행 중에 가끔 보내준 사진들이다. 조카의 사진첩에 음식 사진이 많았다. 음식엔 진심이구나, 우리 조카.

#16
대항해시대와
아줄레주

1394년, 포르투갈의 궁전에서 태어난 왕자 엔리케는 어린 시절부터 궁전 창문 너머 끝없이 펼쳐진 대서양을 바라보며 자랐다. 당시 유럽인들에게 대서양은 공포의 대상이었다. '세상의 끝'이라 불리는 그곳에는 배를 집어삼키는 괴물이 산다는 소문이 파다했다. 하지만 어린 엔리케의 눈에는 달랐다. 그 푸른 물결 너머에 숨겨진 새로운 세상이 보였다. 그는 사그레스에 항해 학교를 세우고, 전 세계의 지도 제작자, 항해사, 수학자들을 모아, 먼 항해를 떠날 초석을 만들었다. 그의 영혼의 단짝이 등장하기까지 100년이 지났다. 1497년 7월, 바스쿠 다 가마는 엔리케의 꿈을 이어 받아 위대한 항해를 시작한다. 그리고 1498년 5월, 마침내 엔리케 왕자가 꿈꾼 세상의 끝에 도달한다. 산 가브리엘, 산 라파엘, 베리오, 보급선까지 총 네 척의 배를 이끌고 아프리카 희망봉을 넘어서 도착한 곳은 바로 인도였다. 그리고 포르투갈은 유럽에서 가장 부유한 나라가 됐다.

구시가지를 여행하다 보면 자연스럽게 눈에 들어오는 것이 바로 리스본을 대표하는 '아줄레주'이다. 아줄레주는 포르투갈 전역에서 볼 수 있는 타일 장식으로, 15세기 이슬람 문화에서 시작됐다. '아줄레주'라는 말도 아랍어 '알-줄라이즈'에서 왔는데, '작은 광석'이라는 뜻이다. 포르투갈 역사 속에서 아줄레주는 더운 날씨에 건물을 시원하게 해주고, 비와 습기로부터 벽을 보호하는 실용적인 역할을 한다. 그리고 글을 모르는 사람들에게 성경 이야기나 역사를 가르쳐 주는 교과서 역할도 한다. 리스본을 거닐다 보면 교회, 기차역, 심지어 주택가의 외벽에 이르기까지 아줄레주로 장식된 건물들을 쉽게 발견할 수 있다. 특히 알파마 지구의 골목을 걷다 보면, 마치 건물들이 거대한 이야기책이 되어 과거의 이야기를 속삭이는 듯한 느낌을 받게 된다.

아줄레주가 들려주는 가장 흥미로운 포르투갈의 이야기는 바로 대항해시대의 장면들이다. 인도 항로 개척과 함께 순식간에 유럽의 가장 부유한 항구 도시로 성장한 리스본. 향신료와 금, 비단이 넘쳐나는 부두에는 전 세계의 상인들이 모여들었고, 도시는 그들의 발걸음으로 활기찼다. 대항해 시대에 포르투갈이 해양 강국으로서의 입지를 다졌던 역사가 도시 곳곳에 자연스럽게 녹아 있다. 특히 제로니무스 수도원과 발견 기념비는 바스쿠 다 가마의 인도 항로 개척과 관련된 장면 등 탐험가들의 업적을 묘사한 아줄레주 타일로 장식되어 있다. 리스본 대성당인 산타 마리아 성당의 내부에도 대항해와 관련된 아줄레주가 있다. 이곳에 대항해 시대의 유명한 탐험가인 바스쿠 다 가마가 묻혀 있다.

   알파마지구 산토 안토니오 성당 근처에서는 성모 마리아와 예수의 생애를 담은 아줄레주 벽화가 있다. 이 타일들은 성경 속 이야기들을 시각적으로 전달하며 종교적인 경건함과 예술성을 동시에 표현한다. 트램을 타고 리스본의 구시가지를 돌며 만나는 다양한 아줄레주 타일들은 그저 아름다운 장식이 아니라, 포르투갈 사람들의 삶과 신념, 그들이 걸어온 길을 보여주는 일종의 이야기책인 셈이다.

Culture Tips!

1. 아줄레주의 어원

광택을 낸 돌이라는 뜻의 아랍어에서 유래한 단어. 무어인들이 가져온 이슬람 타일 제작 기술이 포르투갈에 전해진 게 시초다. 이슬람 예술의 영향으로 초기에는 주로 기하학적인 패턴을 사용했다. 16세기 초 마누엘 1세 시대에 이르러 아줄레주는 포르투갈 고유의 예술 형식으로 발전하기 시작했다.

2. 대표적인 아줄레주 벽화와 대표 장면

포르투 상 벤투 기차역
화가 호르헤 콜라초가 12년에 걸쳐 2만 개가 넘는 타일로 제작했다. 포르투갈의 주요 역사적 사건(식민지 정복, 대관식, 결혼식 등)을 묘사한 걸작이다.

포르투 카르무 성당
성당의 외벽 전체를 대규모 아줄레주로 장식했다. 가톨릭 수도회인 카르멜회와 카르멜산의 이야기를 묘사.

신트라 궁전
마누엘 1세 시대에 제작된 포르투갈에서 가장 오래된 아줄레주이다. 포르투갈 초기 대항해 시대와 관련된 장면.

리스본 국립 아줄레주 박물관

1755년 대지진 이전 리스본의 모습을 담은 23m 대형 작품 [그란데 파노라마 오브 리스본]이 걸작이다.

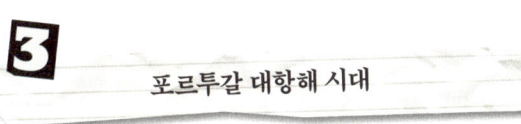

3. 포르투갈 대항해 시대

15세기와 16세기에 걸쳐 이루어진 해양 탐험과 식민지 확장의 시기이다. 포르투갈은 세계에서 가장 강력한 해양 강국 중 하나로 자리 잡았다. 오스만 제국이 중동과 아프리카 지역에서 세력을 확장하면서 전통적인 육로 무역 경로를 차단하자 유럽은 새로운 해양 항로를 개척해야 했다. 대항해시대 동안 포르투갈은 브라질, 아소르스 제도, 모잠비크 등 여러 식민지를 확장하며 향신료와 금 등의 자원을 확보했다.

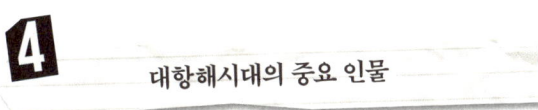

4. 대항해시대의 중요 인물

항해 왕자 엔리케(Prince Henry the Navigator)

포르투갈의 왕 후안 1세의 아들. 1415년 아프리카 세우타를 정복했다. 그는 항해 학교를 설립하고 항해에 적합한 선박인 카라벨(Caravel)을 개발하고, 항해 기술을 발전시켰다. 그의 지원으로 탐험가들은 아프리카 서해안을 탐험하고 대서양 식민지 확장의 초석을 세웠다.

바스쿠 다 가마(Vasco da Gama)

1488년에 아프리카 남단의 희망봉을 발견하면서 인도 항로 개척의 기초가 마련되었다. 1497년, 그는 인도로 가는 항로를 개척하여 칼리컷에 도착했다. 그의 탐험은 유럽과 아시아 간의 직접적인 무역 경로를 열어주었고, 포르투갈이 동방 무역에서 독점적인 지위를 확보하는 데 중요한 역할을 했다.

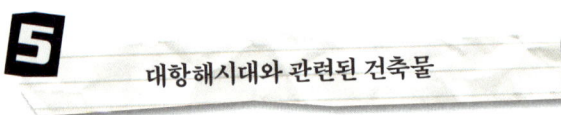

5 대항해시대와 관련된 건축물

벨렝탑(Torre de Belém)

바스쿠 다 가마의 인도 항로 개척을 기념하고 리스본 항구를 방어하는 목적으로 설립됐다. 해양탐험가들이 출발하고 돌아오는 관문 역할을 했다. 유네스코 세계문화유산.

제로니무스 수도원(Mosteiro dos Jerónimos)

바스쿠 다 가마의 인도 항로 개척을 기념하기 위해 지어진 수도원이다. 대항해시대의 탐험가들이 출항하기 전 기도를 드리던 장소이다. 유네스코 세계문화유산.

발견 기념비(Padrão dos Descobrimentos)

높이 52m. 대항해 시대 주요 인물들의 조각상이다. 엔리케 왕자 서거 500주년을 기념해서 건립했다.

6 브라질 상파울루에서 발견하는 아줄레주

대항해시대를 통해 아줄레주 문화가 브라질로 전파됐다. 브라질 상파울루의 셀라롱 계단(Escadaria Selarón)은 화려한 아줄레주 타일로 유명한 관광명소다. 칠레 출신의 예술가 조르지 셀라롱(Jorge Selarón)이 전 세계 60여 개국에서 수집한 2,000개 이상의 타일로 수십 년에 걸쳐 만들었다.

7 아줄레주에 대한 문구!

"포르투갈은 아줄레주로 쓰여진 책이다."

– 작가 미상 –

8 '우당탕탕' 여행 에피소드

첫 해외 배낭 여행 인데도, 조카는 국내 여행을 하듯이 자기 페이스대로 여행을 했다. 화를 낸다고 달라지지 않는 상황에선 흥분하는 법 없이, 차분하게 이성적으로 일을 처리했다. 평상시엔 유연하다가도 돌발 상황에 가끔씩 안달복달하는 이모에게 조카는 때론 안정감을 주기도 했고, 때론 답답하기도 했다.

#17
리스본 대지진과 도시 재건의 상징:
칼사다 포르투게자

"거룩하신 모든 성인과 성녀들이시여,
저희를 위하여 하느님께 전구하여 주시어
저희가 이 세상에서 하느님의 뜻을 충실히 따르며
끝까지 믿음을 지키게 하소서.
주님께서 약속하신 영원한 생명을 누릴 수 있도록
저희를 위해 간구하여 주소서.
아멘."

1755년 11월 1일 아침, 만성절을 맞아 미사를 드리러 온 신도들로 리스본 대성당이 가득 찼다. 산토스 가족의 아침은 평화로웠다. 마누엘 산토스, 그의 아내 이자벨, 어린 딸 마리아는 평소처럼 같은 자리에서 모든 성인을 위한 기도문을 읊조렸다. 그때였다. 의자가 흔들리기 시작하더니 제단 위의 성상이 떨어져 산산조각이 났다. 땅바닥이 끔찍한 소리를 내면서 울리기 시작하더니 순식간에 성당 전체가 흔들리기 시작했다. 천장에서 돌덩이가 떨어져 내렸다. "하느님 아버지!"를 외치며 마누엘 가족은 필사적으로 성당 밖으로 뛰쳐나갔다.

석조 건물들은 산산조각나고, 거리는 먼지와 부서진 돌로 뒤덮였다. 마누엘은 이자벨과 마리아를 붙잡으려 했지만, 땅은 마치 살아있는 것처럼 흔들리고 갈라졌다. 리스본 대성당 앞 광장은 공포의 현장이 되었다. 마누엘 가족은 무너지는 건물을 피해 바닷가로 달렸다. 그러나 멀리서 희미한 굉음이 들리더니, 지진은 순식간에 해일을 불러왔고, 도시의 해안을 집어삼켰다. 그 순간 마리아는 부모의 손을 놓쳤고, 격렬한 물결에 휩쓸렸다. 마누엘은 절규했지만, 그의 목소리는 붕괴하는 건물의 굉음과 절규하는 군중의 비명에 묻혀버렸다.

이자벨은 딸을 찾아 물결 속으로 뛰어들었고, 그 순간 거대한 파도가 그녀를 집어삼켰다. 마누엘은 홀로 남겨져, 사랑하는 이들을 잃은 절망 속에서 무너져 내렸다.

포르투갈의 수도 리스본에 세상의 종말이 닥친 것 같았다. 강도 8.5-9.0에 달한 지진과 이어진 쓰나미와 화재는 순식간에 도시를 폐허로 만들었다. 대지진이 휩쓸고 간 후, 리스본의 85%가 파괴되고 수많은 사람이

리스본 대지진과 도시 재건의 상징: 칼사다 포르투게자

목숨을 잃었다. 성당, 궁전, 도서관과 같은 포르투갈의 문화유산도 폐허가 됐다. 독실한 가톨릭 신자들인 리스본 시민들은 성인들을 기리는 만성절에 발생한 대비극에 큰 충격에 빠졌고, 일부는 신의 존재에 대한 의문을 품었다.

한편, 비극 속에서 살아남은 인간은 도시의 재건을 위한 새로운 여정을 시작했다. 폼발 후작 세바스티앙 카르발류는 "죽은 자는 묻고 산 사람을 돌봐야 한다"라는 신념 아래, 리스본을 완전히 새로운 도시로 만드는 계획을 세웠다. 그는 도시에 내진 설계를 도입하고 격자형 도로망을 구축하여 미래의 재앙에 대비했다. 건물 높이는 제한되고 도로는 넓어졌고, 현대적이고 안전한 도시로 재탄생했다. 이 스타일은 '폼발 양식'이라 불렸다. 리스본은 유럽 최초의 내진 설계가 적용된 도시가 되었다.

바이샤 지구와 코메르시우 광장이 재건되었고, 거대한 변화의 상징으로 자리 잡았다. 바로 이 순간, 리스본 거리에는 칼사다 포르투게자(Calçada Portuguesa)가 도시 재건의 상징적인 요소로 부상했다. 폼발 후작은 검은 현무암과 흰색 석회암을 사용하여 독창적인 패턴으로 리스본 거리를 예술적으로 장식했다. 새롭게 탄생하는 도시 리스본엔 내구성과 미적 요소를 모두 갖춘 도로가 필요했다. 사람들의 손끝에서 태어나는 칼사다는 하나의 작품이다. 5-8cm 크기의 주사위 모양 돌을 하나하나 수작업으로 박아 넣어 물결, 배, 별자리 등 다양한 문양을 만들었다. 기하학적 패턴은 곧 도시의 새로운 정체성이 되었다.

코메르시우 광장(Praça do Comércio)은 리스본 재건을 대표하는 공간이다. 대지진 이후 새롭게 설계된 격자형 도로망의 시작점으로, 바다의 물결을 형상화한 거대한 무늬가 새겨져 있다. 과거 리스본이 대항해시대의 중심지였음을 상징한다. 이 물결무늬는 도시가 잃어버린 영광을 회복하고자 하는 희망을 상징한다.

리스본 군사학교장이었던 에우세비우 판카스는 도시설계자들과 협력하여 호시우 광장의 재정비를 지휘하면서 도시 재건에 기여했다. 또한 리스본 감옥이 파괴되면서 탈출한 범죄자들을 군대를 이용해 즉각 처벌해 질서 회복에 힘을 썼다. 호시우 광장(Praça do Rossio)도 검은 현무암과 흰색 석회암이 물결치는 형태로 짜여, 마치 바다의 파도가 땅 위로 옮겨온 듯한 착각을 불러일으킨다. 이 패턴은 대지진 이후에도 결코 잃지 않은 도시의 생명력과 강인함을 상징한다. 헤스타우라도레스 광장(Praça dos Restauradores)에 기하학적인 패턴으로 새겨진 별 모양의 무늬들은 리스본의 독립과 재건을 기리는 의미를 담고 있다.

리스본에서 흑백의 모자이크가 그려낸 물결무늬가 끝없이 이어지는 '포르투갈의 돌길'을 조카와 걸었다. 대자연의 압도적 무자비함에 단번에 무너져버린 도시를 힘없는 인간들이 두 손 두 발로 재건한 위대하고 영광스러운 역사. 268년 전 대자연과 신에게 버림받은 비극을 딛고 일어선 인간의 위대함에 경의를 표한다.

Culture Tips!

1. 리스본 대지진의 피해 규모

1755년 11월 1일 오전 9시 40분에 큰 지진이 시작됐다. 약 3–6분 동안 지속되었다. 규모는 8.5에서 9.0으로 추정된다. 진앙지는 세인트빈센트곶 서남쪽 약 200 km 해역으로, 이 지역의 지각 변동이 지진을 유발했다. 리스본 도심에 너비 5미터의 균열이 생겼고, 건물의 약 85%가 파괴되었다. 약 40분 뒤에는 해일이 밀려와 리스본을 덮쳤다. 여러 차례 화재가 발생해 5일간 지속되며 도시의 많은 부분이 소실되었다. 최소 3만에서 최대 10만 명의 시민이 사망한 것으로 추정된다.

2. 만성절에 발생한 지진의 영향

만성절은 '모든 성인을 기념하는 날'로, 가톨릭에서 중요한 축일이다. 이 날은 성당에서 큰 예배가 열리며 신자들이 모여 기념한다. 대지진은 가톨릭 신앙이 강했던 포르투갈에서 신의 심판으로 해석하기 어려운 사건이었다. 많은 성당이 무너지고, 대재앙 속에서 살아남은 것은 오히려 사회적 낙인으로 여겨졌던 알파마 지구의 집창촌이었다. 신의 정의에 대한 의문을 불러일으켰고, 종교적 신념이 흔들리게 만들었다.

폭발후작의 도시 재건 계획

- 대지진 이후 과학적 접근법을 도입해 체계적으로 도시의 구조와 기능을 내진 설계에 맞춰 변모시켰다.

도시 설계
긴급상황 발생 시 접근성을 높이기 위한 격자형 도로망과 도로폭 확대.

건축 규제
모든 신규 건물은 5층 이하로 제한하고 내진 설계를 의무화. 기초에 목재 더미를 묻어 지반의 흔들림에 대응하는 새로운 건축 공법 '가이올라' 도입.

신속한 장례와 치안 확보
전염병 확산 방지를 위해 장례 미사를 생략하고 시신을 신속 처리. 생존자들에게 공평한 식량배급과 군 병력을 동원한 치안 강화.

공공 공간의 창출
호시우 광장, 코메르시우 광장을 만들어 소통, 문화, 상업 공간으로 도시에 활력.

칼사다 포르투게자 대표 패턴과 의미

파도/나선형 무늬: 대항해 시대의 해양강국.
나침반 무늬: 미지의 항로를 향한 도전.
카라벨선 모양: 새로운 세계를 향해 떠나는 용감함.
별 모양: 포르투갈의 국기와 관련된 상징.
꽃/식물 모양: 자연과 조화를 이루는 삶, 리스본의 아름다움.
해양 생물 모양: 바다에서의 삶.
기하학적 패턴: 대칭성과 균형을 강조한 미적 표현.

 리스보아 스토리 센터(Lisboa Story Center)

코메르시우 광장에 위치한 도시의 과거를 생생하게 체험할 수 있는 멀티미디어 전시 공간. 특히 1755년 대지진에 대한 전시는 당시의 상황을 생동감 있게 전달한다.

 리스본 재건을 위한 폼발 후작의 일성

"죽은 자는 묻고 산 사람을 돌봐야 한다."

볼테르 [리스본 재앙에 관한 시]

"하느님은 더 이상 정의롭지 않았고
자연은 더 이상 자비롭지 않았다."

"신이 있다면, 리스본의 성당을 무너뜨리고
집창촌을 온전하게 둘 수 있겠느냐."

 '우당탕탕' 여행 에피소드

코골이 조카 덕분에 숙소는 가능한 방이 따로 있는 에어비앤비를 예약했다. 조카가 거실 소파베드에서 자면 이모는 방에서 숙면을 취할 수 있었다. 어쩔 수 없이 호텔을 예약하면 트윈베드를 최대한 멀리 떼어 놓고 이모는 귀마개를 했다. 배려심 많은 조카는 꼭 이모가 잔 다음에야 잠이 들었다.

#18
리스본 스트리트 아티스트:
그라피티

골목길을 걸으며 받은 리스본의 인상은 쇠락한 도시의 모습이었다. 오래된 흑백 사진 속 장면처럼 생명력이 사라져 멈춘듯한 도시. 그러나 그 속에서 눈길을 사로잡은 것은 그라피티였다. 강렬한 힘을 간직한 낙서와 그림. 이모와 조카가 마주한 리스본은 쇠락해 보였지만, 그 속에 젊은 리스본이 숨 쉬고 있었다.

268년 전 리스본 재건의 예술 프로젝트가 칼사다 포르투게자라면, 현대의 쇠퇴하는 도시 리스본에 예술적 에너지를 담는 건 그라피티 아트가 맡았다. 과거 경험을 바탕으로 리스본시는 '크로노 리스보아(crono lisboa)' 프로젝트로 버려진 건물들을 예술가들에게 캔버스로 제공했다. 그러자 근사한 예술작품으로 변한 도시의 풍광이 관광객들의 시선을 사로잡았다. 빛 바랜 도심 속에 피어난 그라피티 벽화의 강렬한 색채와 선은 분명한 메시지를 담아 리스본의 절망과 희망, 저항의 목소리를 샤우팅하고 있었다

리스본에서 가장 인기 있는 그라피티 지역은 샤브레가스(Shavregas)

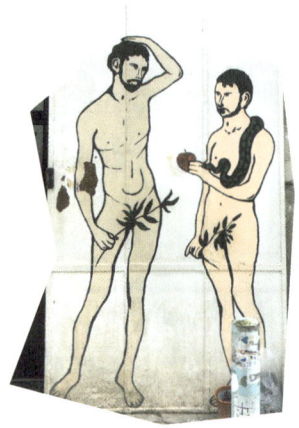

이다. 이 지역은 도시 재생 프로젝트에서 그라피티 구역으로 지정되어, 전 세계의 그라피티 작가들이 모여 다양한 스타일의 거리 예술을 창조하고 있다. 여행객들이 전통적인 리스본 분위기 속에서 그라피티 작품을 감상하기엔 모우라리아(Mouraria)와 알파마(Alfama) 지구가 매력적이다. 알파마 지구의 좁은 골목 벽들의 페인트는 군데군데 벗겨져 있다. 나무 창문들은 시간의 무게를 견디지 못해 삐걱거렸다. 빨랫줄에 걸린 하얀 시트가 바람에 나부낀다. 모퉁이를 돌면 역동적인 그라피티 작품들이 리스본에 신선한 공기를 불어 넣는다. 특히 모우라리아 지구의 패리냐스 골목(Beco das Farinhas)이 사진 촬영하기 좋다. 현대적인 큰 사이즈의 그라피티 작품 촬영은 벨렝(Belém) 지구의 LX Factory가 적합하다. 성수동을 떠올리면 되는데, 과거의 산업단지를 재개발한 복합문화공간이다.

우리가 가장 많은 시간을 보낸 곳은 LX Factory였다. 다른 예술작품과 융합된 다양한 그라피티 작품과 카페가 많은 공간이다. 카페에서 휴식을 취하며 천천히 리스본 출신의 유명한 그라피티 아티스트의 작품을 만났다. 세르히오 오데이스(Sergio Odeith)는 리스본 출신의 아티스트다. 특히 착시효과를 주는 독창적인 벽화로 유명하다. 벽에서 튀어나오는 듯한 거대한 곤충이나 버스 모양의 3D 벽화는 생동감이 넘친다. LX Factory 벽면에도 그의 작품이 있다. 그라피티 아티스트 '비르투(Vhils)'는 독특한 조각 기법으로 유명하다. 그는 스프레이 페인트가 아니라 벽면을 파내 사람의 얼굴을 드러내는 방식을 사용한다. 비르투는 리스본의 역사적 인물들과 평범한 시민의 얼굴을 벽에 새겨 넣어 도시의 과거와 현재를 연결한다.

28번 트램은 리스본의 역사를 전하는 스토리텔러이다. 아줄레주는 클래식 도예가, 거리를 덮은 칼사다 포르투게자는 조각가, 그라피티는 빛바랜 리스본의 젊은 피, 아티스트들이었다.

Culture Tips!

거리 예술의 한 형태. 주로 벽이나 건물에 스프레이 페인트나 기타 재료를 사용하여 그림이나 글씨를 남긴다. 단순한 낙서를 넘어 사회적 정치적 메시지를 전달하는 중요한 매체로 자리 잡았다.

1990년대부터 활동을 시작한 영국 출신의 세계적인 그라피티 아티스트. 독특한 스텐실 기법과 날카로운 사회 비평으로 유명하다. 그는 자본주의, 전쟁, 소비주의, 정치적 권력 등 현대 사회의 문제점을 풍자와 유머로 비판한다. 꽃다발을 던지는 시위자나 총 대신 바나나를 든 영화 속 인물 등 아이러니한 이미지를 통해 사회 문제에 대한 관심을 환기시킨다.

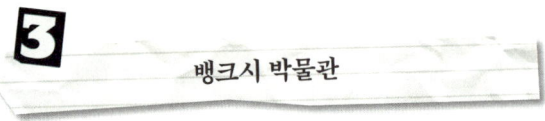

영국 그라피티 아티스트 뱅크시의 작품을 리스본에서 만날 수 있다. 실물크기 100점 이상의 복제본을 보관한 박물관이다. 몰입형 체험을 통해 뱅크시의 예술 세계를 탐험할 수 있다. 대표작인 [Girl with

Balloon]은 흑백으로 그려진 어린 소녀가 빨간 하트 모양의 풍선을 놓치는 장면을 담고 있다. 이 작품은 2018년 소더비 경매에서 낙찰된 후 자체 파쇄되는 사건으로 화제를 모았다.

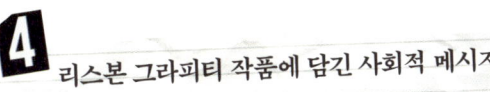
4 리스본 그라피티 작품에 담긴 사회적 메시지

"Art is not a crime"

(예술은 범죄가 아니다)

"We are all in this together"

(우리는 연대한다)

"Make art, not war"

(전쟁이 아니라 예술을 해라)

"Love is the answer"

(사랑이 답이다)

"No borders, no nations"

(국경과 국가를 넘어서)

5 '우당탕탕' 여행 에피소드

리스본 숙소는 비대면 체크인인데 호스트가 비밀번호를 마지막까지 보내주지 않았다. 일찍 도착해서 짐 맡길 데도 없어 근처 카페 '세븐'에 들어갔다. 이 상황에서도 느긋이 브런치를 즐기는 조카 옆에서 발을 동동 구르고 한숨을 쉬며 핸드폰만 만지작거리니, 친절한 직원이 체크인까지 짐도 맡아주고, 호스트에게 전화도 해준다. 그런데 응답이 없다. 혹시 몰라 숙소에 혼자 갔더니, 할렐루야~ 창문이 열려 있다. 청소 중인 아주머니를 만나 간신히 체크인을 했다. 리스본에 머무는 동안 세븐 단골이 된 건 당연했다. 이런저런 에피소드로 코로나 이후 여행은 다시 시작됐지만, 여행 시스템은 아직 100% 돌아오지 않았음을 실감했다. 그럼에도 세븐의 직원 같은 친절한 현지인 덕분에 여행을 다시 떠난다.

#19
신비로운
비밀결사대를 찾아
'달의 산' 신트라

아랍어로 '달의 산'이라는 뜻의 신트라는 수 세기 동안 왕족과 귀족들의 여름 별장으로 애용한 도시이다. 동화 속에 등장하는 마법 같은 도시 신트라에서 가장 비밀스럽고 신비로운 장소는 바로 헤갈레이라 별장. 조카가 가장 가보고 싶은 장소이다. 조카와 함께 신트라에 얽힌 비밀결사단의 상징을 담은 신비로운 우물의 비밀을 찾아 나섰다.

헤갈레이라는 20세기 초, 이탈리아의 건축가 루이지 마니니가 설계했다. 당시 의뢰자인 안토니우 카를루 몬테이루는 '프리메이슨'의 회원이었다고 전해진다. 브라질에서 커피와 보석으로 큰 돈을 번 몬테이루는 평범한 저택이 아닌 비밀스러운 상징들이 숨겨진 시대의 건축물을 짓고 싶었다. 그런 그가 선택한 건축가가 혁신적인 건축가 루이지 마니니. 창의력을 마음껏 발휘하도록 허락한 건축주를 만났으니, 천재 건축가는 수대에 기록될만한 미스터리한 걸작을 만들었다. 수많은 상징과 미로 같은 길들, 지하의 거대한 우물은 마치 신비로운 다른 세계

로 들어서는 것 같다. 그가 숨긴 비밀결사단체 프리메이슨의 상징들은 여행자들에게 상상의 문을 열어주며, 고대의 비밀과 마주하는 것 같은 경험을 선사한다. 프리메이슨은 세계에서 가장 오래된 비밀결사단체다. 중세 유럽에서 대성당과 성곽을 공사하던 석공들이 그들의 기술과 지식을 비밀스럽게 보호하고자 만든 길드에서 시작됐다. 주로 상징적 의식과 암호로 소통했다.

헤갈레이라 정원의 하이라이트는 신비로운 이니시에이션 우물(Poço Iniciatico)이다. 비밀 입구를 찾아 들어가면 가파른 나선형 계단을 따라 깊은 우물의 바닥까지 내려간다. 깊은 심연으로 빠져드는 것 같다. 우물은 물을 저장하기 위한 목적이 아니라, 삶과 죽음과 재생을 상징하는 공간이다. 우물 속으로 들어가는 행위는 죽음으로 인해 지옥으로 내려가는 과정이다. 9개의 나선형 플랫폼은 단테의 [신곡]에 나오는 지옥의 9개 층을 상징한다. 내려갈수록 어두워지는 내부는 원죄를 고하고 심판을 받는 과정이다. 우물의 바닥에 도착해 고개를 위로 치켜올려다 보면 동그란 하늘이 장관이다. 빛이다. 이곳에서 다시 인간은 밝은 빛을 찾아 연못으로 가는 비밀 동굴로 향한다. 마지막 갈림길에서 폭포 밖으로 나가는 행위는 구원을 받아 새로운 자아로 다시 탄생하는 과정을 뜻한다. 다시 어두운 동굴로 들어가는 길을 선택하면 최종적으로 진정한 죽음에 이르게 된다. 이 건축물 하나에 인간의 본질적인 탐구를 하는 여정이 담겨져 있다.

영국 시인 바이런은 신트라를 '찬란한 에덴'에 비유하며 그 아름다움을 칭송했다. 숲속에 숨겨진 화려한 궁전과 성은 수많은 이야기를 담고, 그 신비로움으로 관광객들을 유혹한다. 산꼭대기에 위치한 페나 궁전은 페르난도 2세가 방치된 수도원과 숲을 매입해서 재건해 여름 궁전으로 사용했다. 뾰족한 첨탑과 둥그런 돔, 시계탑과 발코니까지… 19세기 낭만주의의 대표적인 건축물이다. 아라비아 양식의 돔, 르네상스 시대의 아치, 중세 성곽의 요소들이 조화를 이룬 화려한 외관의 성이다. 특히 노랗고 빨간색으로 예쁘게 단장된 궁전은 만화 속에 등장하는 것 같은 아기자기한 아름다움이 있다. 익숙한 느낌이 났는데, 역시나 디즈니랜드의 '잠자는 숲속의 미녀'가 사는 성의 모델이 바로 페나 궁전이다. 궁전 주변의 광대한 숲을 페나 공원으로 만들어 판타지 세계에 온 듯한 산책을 즐기기 좋다.

페나 궁전의 화려함, 헤갈레이라 별장의 비밀스러운 신비주의, 무어인의 성이 간직한 역사적 웅장함, 몬세라트 궁전의 이국적인 아름다움. 신트라가 유네스코 세계문화유산으로 지정된 이유이다. 신트라는 하룻밤을 묵으며 신비스러운 이야기를 찾아 산속을 누비며 건축 모험을 떠나야 하는 곳이다.

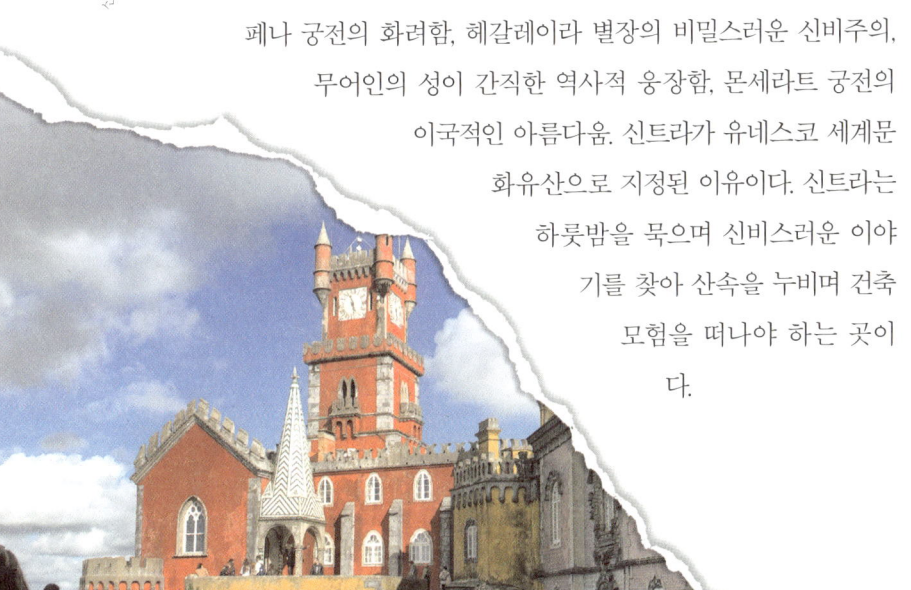

Culture Tips!

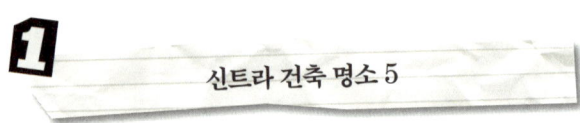

신트라 건축 명소 5

페나 궁전(Palácio da Pena)
화려한 색상의 19세기 로맨틱 양식의 궁전.

무어인의 성(Castelo dos Mouros)
9세기에 무슬림이 지은 군사 요새. 신트라에서 가장 높은 바위산에 위치한 성벽에서 바라보는 신트라 전경이 감상 포인트.

헤갈레이라 정원(Quinta da Regaleira)
신비로운 정원과 지하 통로가 있는 네오고딕 양식.

신트라 국립 궁전(Palácio Nacional de Sintra)
도시 중심부에 위치한 중세 왕궁. 당시 화려한 연희의 규모를 짐작하게 하는 대형 주방에 연결된 두 개의 거대한 원뿔형 굴뚝이 특징.

몬세라테 궁전(Palácio de Monserrate)
아라비아 풍의 별장으로 여러 나라에서 수집한 열대 및 아열대 식물 정원이 이국적.

2 대표적인 비밀결사단체

프리메이슨
가장 오래되고 잘 알려진 비밀결사단체로 14세기 석공 길드에서 시작했다. "보다 나은 인간, 보다 나은 세계"를 목표로 한다. 세계적으로 많은 유명 인사들이 회원이다.

일루미나티
18세기 독일 바이에른에서 시작된 비밀결사단체이다. 계몽주의와 인간의 이성을 강조하며, 당시의 정치적, 종교적 권위를 비판했다. 현재는 이들이 세계 지배를 꿈꾼다는 음모론의 대상이다.

템플 기사단
12세기 성지 예루살렘을 보호하기 위한 군사적 종교적 단체이다. 성전 기사단으로 불리며, 십자군 원정으로 부와 권력을 쌓았다. 14세기 초 프랑스 왕에 의해 단체가 해체되었지만, 후에 비밀결사단체로 발전했다.

3 단테의 《신곡》

14세기 초 이탈리아의 시인 단테 알리기에리가 쓴 서사시. 지옥(Inferno), 연옥(Purgatorio), 천국(Paradiso) 세 부분으로 구성되어 있다. 단테가 베르길리우스와 베아트리체의 안내로 저승 세계를 여행하며, 다양한 역사적 인물과 신화적 존재들을 만나 이야기를 나누는 형식이다. 중세 기독교 신앙에 기반하여 죄와 벌, 구원에 대한 철학적 고찰을 담고 있다.

4 〔신곡〕에서 묘사된 지옥

• 지옥은 거대한 깔때기 모양의 구조로, 9개의 원으로 나뉘어 있다.
각 원은 죄의 중대성에 따라 구분되며,
가장 깊은 곳일수록 더 심각한 죄인들이 위치한다. •

제1원
림보. 세례를 받지 못한 영혼들이 고통 없이 존재한다.

제2원
색욕의 죄인들이 바람에 휩쓸린다.

제3원
식탐의 죄인들이 진창에서 고통받는다.

제4원
인색한 자들과 낭비자들이 무거운 짐을 지고 영원히 돌아다닌다.

제5원
분노한 영혼들이 스틱스 강에서 싸운다.

제6원
이단자들이 불타는 관 속에 갇혀 있다.

제7원
폭력자들이 벌을 받는다.

제8원
기만자들이 고통받는다.

제9원
배신자들이 극심한 고통을 겪는다.

 '우당탕탕' 여행 에피소드

이상기후변화로 강추위가 몰아친 유럽의 겨울이었다. 러시아–우크라이나 전쟁으로 인한 유류비와 전기료의 증가로 난방이 충분하지 않은 숙소가 많았다. 숙소의 공동 세탁실을 이용하는 데, 포르투갈어 사용법을 몰라서 실수가 많았다. 건조가 제대로 되지 않은 옷을 추운 방 안에서 말렸다. 빨래한다고 얇은 옷을 입고 길거리를 몇 차례 왕복하고 추운 식당에서 저녁식사를 했다. 그 결과, 이번엔 이모가 단단히 감기에 걸려 숙소에서 밤새 끙끙 앓았다. 유럽 겨울여행은 감기와의 싸움이다.

#20
신의 물방울!

포르투
와이너리투어

"운명은 때로 실수처럼 찾아온다."

포트와인의 탄생 스토리가 그랬다. 17세기, 프랑스와 영국이 백년 전쟁을 벌이던 때에 영국 귀족들은 침통함에 빠졌다. 전쟁의 비참한 뿐 아니라 매일 즐기던 프랑스 보르도 와인을 마실 수 없는 상황 때문이었다. 영국 상인들은 와인을 얻고자 대서양을 건너 포르투갈로 향했다. 여기서 한 가지 문제가 발생한다. 긴 항해 동안 와인이 변질되는 현상이다. 어느 날, 한 와인 상인이 혁신적인 아이디어를 냈다. 변질을 막기 위해 브랜디를 넣었다. "유레카!" 우연한 시도가 와인 역사상 가장 놀라운 발견 중 하나를 만들었다. 브랜디가 발효 과정을 중단시켜 포도의 당분이 와인 속에 그대로 남아 더 달고 풍부한 향을 선사했다. 높아진 알코올 도수는 와인에 무게감을 더했다. 이렇게 탄생한 포트와인은 영국 상류사회를 단번에 사로잡았다. 포트와인에는 대서양의 거친 파도와 인간의 혁신적인 아이디어, 그리고 시간의 깊이가 담겨있다.

와인 잡지 편집장 출신의 성당 지인이 유럽의 대표적인 와인 생산지인 포르투에서 꼭 포트와인과 그린와인을 마시라고 추천했다. 그린와인은 '비노 베르데(Vinho Verde)'라고도 불리는 데, 와인 색깔 때문에 그린이라 불리는 것이 아니다. 포르투갈 북부의 미뉴(Minho) 지역에서 생산되는 화이트와인이다. 통상 와인은 숙성과정을 거치는데, 그린와인은 수확 후 6개월 이내에 만들어져 와인병에 넣는다. '젊은'이라는 의미의 '베르데'는 이 와인의 특징을 보여준다. 덜 익은 청포도로 만들어 산뜻하고 상큼한 맛이 특징이다. 약간의 탄산과 함께 청량감까지 갖췄다. 사과와 시트러스 과일향도 나며, 알코올 도수도 낮아 식전주로 마시기에 딱 좋다. 포르투갈 사람들은 이 와인을 '여름의 친구'라고 부른다. 청춘의 한순간을 담은 것 같은 이 와인은 지금 바로 포르투에서 즐겨야 제맛이다. 그래서 도루 강가에서 따스한 햇살 아래 식사 때마다 청춘을 즐겼다.

포르투갈 와인의 매력에 푹 빠져 와이너리 트립을 예약했다. 포르

　　　　　　　　　　　투갈 와
　　　　　　　　　　인 최대 생산지역이자
　　　　　　　　유네스코 지정 세계자연유산인 도루
　　　　　　　계곡을 방문하는 투어다. 조카는 와이너리 투어는 좋
지만, 외국인들과 8시간을 함께 보내는 것이 부담스러워했으나 와인
에 진심인 이모를 위해 비싼 가격과 긴 시간을 투자하기로 결정했다.

　　　　포르투에서 차로 한 시간 넘게 이동한 후, 피냐옹(pinhao) 마을에서
커피 한 잔을 즐겼다. 도루강을 따라 보트를 타고 그림같이 펼쳐진 계
단식 포도밭을 감상하는 유람도 즐겼다. 도루계곡의 풍경은 회색빛
화강암과 계단식으로 끊임없이 줄지어 있는 낮은 포도나무들이 이어
지는 모습이 특징이다. 한눈에 보기에도 돌로 뒤덮인 척박한 토양이
다. 뜨거운 여름 햇살, 이 척박한 토양에서 포도나무 한 그루가 자라
나는 것은 얼마나 힘든 일일까? 땅속의 양분을 기를 쓰고 끌어안은
덕에 포도는 강렬한 풍미를 갖게 된다. 또 사람은 그 포도나무 한 그
루를 심기 위해 때론 바위를 깨고, 돌을 옮기고, 흙을 날라야 했다. 얼
마나 많은 매일 그 힘든 노동을 반복했을까…. 그런데 많은 젊은이들
이 도시로 떠난 현재, 이 힘든 농장 일을 70-80대 노인들이 도맡아
한다. 수확철이 되면 동유럽에서 온 일꾼들이 돕는다. 우리나라 농촌
과 비슷한 상황이다.

　　　　우리는 5대째 가업을 잇는 와이너리 베이조(Beijo)에 도착했다. 입담

좋은 호스트의 설명을 들으며 양조장에서 수십 년 넘게 포도를 머금은 오크통들 사이를 걸었다. 호스트는 우리에게 거대한 빈 오크통 안으로 들어가 보라고 했다. 사람 머리보다 조금 큰 구멍을 통해 몸을 구겨 넣어야 했다. 덩치 큰 가이드의 시범을 보긴 했지만 아무도 용기를 내지 못했다. 그러다 몸집이 작은 내가 자원해서 몸을 억지로 비틀고 구겨서 들어갔다. 안은 생각보다 꽤 넓었다. 바닥에 두 손을 뻗고 눕거나, 허리를 약간만 굽히면 설 수 있을 정도다. 오래된 오크통 안에는 와인 숙성 과정에서 생긴 찌꺼기가 남아 있다. 문득 '밤에 그림을 그릴 때, 물감처럼 사용해볼까?'라는 생각에 찌꺼기를 챙겨왔다. 바깥에서 호스트가 안에 오래 있으면 호흡이 곤란해질 수 있다면서 주의를 준다. 그래서 간단히 사진을 찍고 나왔다. 다른 사람들도 하나둘 용기를 내어 오크통 안에 들어갔다. 덩치 큰 서양인들이 작은 구멍에 들어가겠다고 온몸을 구기고, 옷이 벗겨지고, 몸통이 끼었다고 꺼내달라고 난리가 났다. 갑자기 펼쳐진 슬랩스틱 코미디쇼에 양조장에 폭소가 끊이지 않았다.

또 다른 와이너리에서는 마당의 텐트 아래에서 양조장 주인이 직접 준비한 포르투갈 전통 음식과 와인을 즐겼다. 영국, 미국, 한국, 이탈리아, 남아공에서 온 여행객들과 함께 이야기 나누며 시간을 보내다 보니 어느새 해가 뉘엿뉘엿 내려앉았다. 다행히 조카도 와이너리 투어가 계속 이동하고 다양한 설명을 듣는 방식이라 견딜만했다고 한다. 포르투 시내로 돌아가는 차 안에서 우리는 모두 와인의 여운으로 깊은 잠에 빠졌다. 포르투 와이너리 투어는 단순히 와인을 맛보는 데 그치지 않고, 그 속에 담긴 이야기, 사람들의 노력과 정성을 오감으로 느끼는 특별한 경험이다.

Culture Tips!

1 포르투에서 와인 투어

빌라 노바 드 가이아(Vila Nova de Gaia)
와인 시음 투어를 할 수 있는 수많은 와인 저장고가 있다. 와인에 대한 스토리텔링을 듣고 와인의 발효와 숙성 과정을 볼 수 있다.

도루 밸리 투어
포르투를 출발해서 도루 계곡으로 이동하는 반나절 투어다. 현지 대형 와이너리 방문, 보트 투어, 식사가 포함된다.

2 포트와인의 종류

- 포트와인은 숙성 방법과 기간에 따라 다른 특징을 가지고 있어, 취향과 상황에 맞게 선택하여 즐길 수 있다. 루비 포트는 입문자, 토니 포트는 깊이 있는 맛을 찾는 분에게, 빈티지 포트는 기념일에 추천한다.

루비 포트(Ruby Port)
가장 대중적이고 접근하기 쉬운 입문용 포트와인. 2-3년의 짧은 숙성으로 신선하고 생동감 있는 맛이며, 짙은 루비색. 라즈베리, 블랙베리, 자두 등 풍부한 과일 향이 특징. 과일 향을 좋아하는 와인 애호가들에게 인기.

토니 포트(Tawny Port)

오크통에서 장기 숙성되어 황갈색. 10년, 20년, 30년, 40년 장기 숙성으로 깊이 있는 맛. 숙성이 길어질수록 더욱 부드럽고 섬세한 맛. 카라멜, 견과류, 건포도, 바닐라 등 복합적인 풍미.

빈티지 포트(Vintage Port)

포트와인 중 특별히 좋은 해의 최상급 포도만 생산되는 프리미엄 등급. 병입 숙성으로 50년 이상 보관 가능. 시간이 지날수록 더욱 깊고 복합적인 맛이 발현. 특별한 기념일이나 장기 보관용으로 적합.

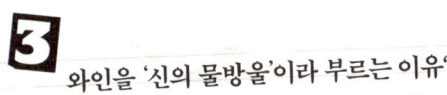

3 와인을 '신의 물방울'이라 부르는 이유?

▸ 고대 그리스 로마 시대부터 와인은 디오니소스 신과 깊은 연관성을 가진 신성한 음료로 여겨졌다. 기독교에서도 포도주는 예수님의 피를 상징하는 성스러운 의미를 지니고 있다. 과학적 원리를 이해하기 전까지, 포도가 발효되어 와인으로 변하는 과정은 오랫동안 신비로운 현상으로 여겨졌다.

▸ 한국에 와인 열풍을 일으킨 일본 만화책의 제목으로 유명하다. 세계적인 와인 평론가 칸자키 유타카의 와인 컬렉션 20억 엔(약 200억원)의 상속권을 둘러싼 이야기다. 맥주회사 영업사원인 아들 칸자키 시즈쿠, 유타카의 제자이자 양아들인 와인 평론가 토미네 잇세가 대결을 벌인다. 고인이 선정한 와인 12병과 '신의 물방울'이라 불리는 궁극의

와인을 찾아내기 위한 두 사람의 싸움을 담았다.

4 '우당탕탕' 여행 에피소드

와인을 좋아하는 이모는 진자, 포트와인, 비노 베르데, 상그리아, 뱅쇼 등 식사때 마다 주류를 곁들여서 즐겼다. 조카는 짭조름한 현지 음식 맛을 깔끔하게 정리하기 위해 꼭 코카콜라를 두 병씩 마셨다. 이모에게 맞추기 위해 도전한 음료 중에서 조카의 취향에 맞는 건 역시 가볍게 즐길 수 있는 비노 베르데였다.

#21
포르투갈의
　　소울 푸드

　　　　1952년 어느 새벽. 열다섯 살 바스코의 손발이 얼어붙었다. 차가운 새벽 공기를 가르며 노르웨이 바다로 향하는 대구잡이 배에 오르는 순간이었다. 아버지의 거친 손이 그의 어깨를 잡았다. "아들, 이제 너에게 가족들의 생사가 달렸다." 가난한 어부의 장남으로 태어난 소년에게는 태어날 때부터 바다가 그의 일터로 정해져 있었다. 북대서양 거친 풍랑과 싸우는 6개월의 긴 항해. 소년은 밤이면 갑판 위에 지쳐서 만신창이가 된 몸을 뉘우고 밤하늘의 별 무리를 바라봤다. 그럴 때마다 엄마의 따뜻한 생선 수프가 생각이 나서 눈물이 났다. 눈물은 바다처럼 짰다. 어느 날 무서운 폭풍우에 휩쓸려 배가 며칠을 표류했다. 선원들은 항해 중 비상식량인 바짝 말린 바칼라우를 나눠 먹으며 힘겹게 버텼다. 바칼라우가 그들의 목숨을 구했다. 우여곡절 끝에 풍성한 어획물을 싣고 돌아온 고향. 소년은 훌쩍 커 청년이 되었다. 그날 밤. 바스코는 향기로운 요리향이 꽉 찬 식탁에 앉아 엄마가 끓여주신 따뜻한 해물밥을 배부르게 먹었다. 그리고 포근한 침대의 이불 속에

서 깊은 잠을 청했
다. 눈물이 한 방울 입가
로 흘렀다. 행복한 맛이 났다.

    포르투에 일찍 도착해서 숙소 체크인 전에 근처 볼량시장(Mercado do Bolhão)에 짐을 보관했다. 볼량시장은 1850년에 지어진 네오클래식 양식의 현대식 재래시장이다. 70년이 지난 오늘날에도 포르투 서민들이 매일 장을 보는 곳이다. 이곳에서 단연 눈길을 끈 건, '바칼라우(소금에 절여 말린 대구)'가 마치 널빤지를 널어 놓은 듯 가판대 천정에 줄지어 걸려 있는 장면이다. 며칠 전까지 여행했던 스페인에서 본 비슷한 장면이 떠오른다. 스페인이 하몽으로 자부심을 표현한다면, 포르투갈은 바칼라우로 정체성을 드러낸다. 하몽과 바칼라우는 동네 시장의 얼굴이다. 바칼라우는 포르투갈의 국민음식이라 불린다. 레시피만 500가지가 넘는데, 주로 바삭하게 튀기거나 구워서 으깬 감자와 함께 즐긴다. 볼량시장은 양철지붕 아래 온갖 식재료와 먹을거리를 예쁘게 전시한 가판대가 줄지어 있다. 특히 지중해 연안이라 해산물이 많다. 각종 해산물을 넣어 짭쪼름한 해물밥, 푹 삶아서 육질이 부드러운 문어요리, 전채로 즐기는 생선 수프를 만들 수 있는 신선한 재료를 시장에서 구할 수 있다. 물론 디저트로는 '나타'라 불리는 에그 타르트를 빼놓을 수 없다. 볼량시장에선 포르투갈의 먹거리를 다 경험할 수 있어서, 참새가 방앗간 들리듯 매일 아침 이곳에서 장을 봤다.

    바칼라우에 대한 포르투갈인들의 특별한 사랑을 세련되게 경험하려면 바칼라우 크로켓 가게를 가야 한다. 카사 포르투게사 두 파스텔

드 바칼라우(Casa Portuguesa do Pastel de Bacalhau)는 포르투갈에 10개 매장을 가진 체인점이다. 매장마다 르네상스 풍의 아름다운 인테리어가 인상적이고, 공연도 열리는 문화공간이자 브랜드 체험관이다. 포르투 매장은 강렬한 레드와 골드의 인테리어가 눈길을 확 사로잡았다. 예쁜 책들이 벽면을 가득 채운 매장에선 파이프 오르간 연주가 라이브로 진행됐다. 매장 안쪽에서 파는 대표 메뉴는 대구에 감자와 계란, 세라다 에스트렐라 치즈를 넣어서 튀겨 만든 크로켓 '파스텔 드 바칼라우'다. 포르투갈 사람들이 나타만큼이나 좋아하는 대표적인 간식거리다.

포르투갈의 바다 이야기는 대구에서 끝나지 않는다. 15세기 대항해시대엔 먼 바다로 조업을 나가야 했기에 소금과 바닷바람에 생선을 말리는 염장 문화가 발달했다. 그때는 지방기가 없어 살도 많고 말리기 좋은 생선인 대구가 슈퍼스타였다. 그리고 19세기 초 세계대전과 함께 부상한 통조림 산업은 새로운 주인공을 탄생시켰다. 바로 정어리다. 최고의 전성기인 1950년대에는 약 400개의 통조림 공장이 가동

될 정도였다. 포르투갈 연안에서 많이 잡히는 정어리가 영양가가 높은 단백질원으로 인기였다.

카사 포르투게사 두 파스텔 드 바칼라우만큼 예쁘면서 어업의 정체성을 내세운 포르투갈 브랜드가 또 있다. 바로 문도 판타스티고 다 사르디나 포르투게사(Mundo Fantastico da Sardinha Portuguesa). 이 가게의 슈퍼스타는 정어리(Sardina)다. 이 브랜드는 포르투갈의 통조림 산업을 동화 속 놀이동산 같은 예술적 공간에 담아냈다. 매장 내에는 불빛이 반짝이는 빨간 회전목마와 대관람차, 포르투갈의 대표 도시를 일러스트로 그린 알록달록한 통조림들이 산더미처럼 쌓여있다. 소장하고 싶은 정어리 통조림들은 단순한 식품을 넘어 포르투갈의 문화적 아이콘으로 그 위상이 올라갔다.

매년 6월, 성 안토니오 축제 때면 포르투갈 전역의 거리는 정어리 굽는 향으로 가득하다. 석쇠 위에서 지글지글 익어가는 정어리의 향연은 70년 전 바스코가 맛본 바칼라우의 감동을 전한다. 포르투갈을 여행하며 대구와 정어리 요리를 맛보는 건 해양국가 포르투갈의 근현대사를 음미하는 경험이다. 오늘날 포르투갈의 식탁에서는 바다가 들려주는 깊고 맛있는 이야기가 계속된다.

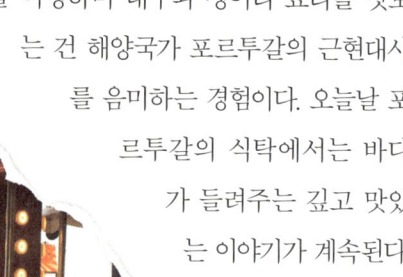

Culture Tips!

포르투갈의 미식 리스트!

• 메인 요리 •

바칼라우(Bacalhau)
포르투갈의 국민 음식. 염장 대구 요리로, 레시피만 500가지가 넘는다. 바삭하게 튀기거나 구워서 으깬 감자와 함께 즐긴다.

해물밥(Arroz de Marisco)
새우, 조개, 문어 등 신선한 해산물을 가득 넣고 끓인 매콤한 국물에 밥을 넣는다.

문어 요리(Polvo)
포르투갈의 대표적인 해산물 요리. 특히 '뽈보 아 라가레이로(Polvo à Lagareiro)'라는 올리브오일에 구운 문어 요리가 유명하다.

생선 수프(Sopa de Peixe)
신선한 해산물과 계란이 들어간 포르투갈식 전채 요리 수프. 고소하고 담백한 맛이다.

프란세지냐(Francesinha)
포르투의 명물 샌드위치로, '작은 프랑스 아가씨'라는 뜻이다. 햄, 소시지, 스테이크 등 여러 종류의 고기와 치즈, 계란을 겹겹이 쌓은 뒤 특제 맥주 소스를 부어 만든 포르투갈식 패스트푸드이다.

피리피리 치킨(Piri Piri Chicken)
아프리카의 영향을 받이 피리피리라는 매콤한 고추소스로 맛을 낸 닭고기 요리이다.

• 디저트 •

파스테이스 데 나타(Pastel de Nata)
꼭 맛봐야 할 디저트. 바삭한 페이스트리 속에 부드러운 커스터드 크림을 채워 넣어 만든 에그타르트. 달콤하고 고소한 맛이다.

 포르투의 대표적인 시장

볼량시장(Mercado do Bolhão)
19세기에 설립. 신선한 농산물, 육류, 생선, 꽃, 지역특산품을 판매한다. 포르투의 전통 음식과 현지 재료를 사용한 요리를 맛볼 수 있는 기회다. 일요일은 휴무.

봄석세수시장(Mercado Bom Sucesso)
현대적인 실내 시장. 신선한 농산물, 의류 및 현지 음식 부스가 다양하다. 문화 공연도 종종 열린다. 매일 개장.

3 '우당탕탕' 여행 에피소드

아침은 가뿐히 패스하는 조카 VS 카페라떼는 꼭 마셔야 하는 이모. 조카가 늦잠을 자면, 이모는 서늘한 아침 바람을 즐기며 볼량시장으로 향했다. 현지인들의 아침메뉴를 서툰 포르투갈어로 주문했다. "메이아 지 레이치(Meia de Leite) 뽀르 파보르." 카페라떼가 준비되는 동안 진열대에서 계란 노른자 크림이 들어간 도넛 볼라 드 베를림(Bola de Berlim), 파스텔 드 나타(Pastéis de Nata)를 골랐다. 달콤한 과자를 종이에 담아 숙소에 돌아와 편안한 아침식사를 즐겼다. 그때까지도 조카는 꿈나라다.

#22
낭만적인 포르투 도루 강변의 석양

포르투에 첫발을 내딛는 순간, 마음이 단숨에 편안해졌다. 이번 여행의 하이라이트를 마지막으로 남겨둔 덕분일까. 한때 한국인들의 한 달 살기 성지로 불렸던 이유를 곧 깨닫게 되었다. 포르투는 마치 시간이 천천히 흐르는 도시 같다. 언덕 위 도심과 아래 도루 강변을 이어주는 고불고불한 골목길들은 매일 새로운 산책로가 되어준다. 좁은 골목을 따라 내려가다 보면, 어느새 도루 강변의 리베이라(Ribeira) 광장이 품어주듯 맞이한다.

리베이라 광장의 매일은 다채로운 문화를 여유롭게 감상하는 것 같다. 먼저 도루강 오후의 풍경화를 감상한다. 동 루이스 1세 다리를 배경으로 펼쳐지는 풍경은 상중하 세 개의 층으로 보인다. 가장 아래층에서는 강 건너 빌라 노바 드 가이아의 알록달록한 와인 저장고들이 도루강에 비친다. 그 앞으로는 옛 포트와인 운반선 라벨루(Rabelo)들이 이제는 관광객을 태우고 한가로이 떠다닌다. 중간층의 주인공은 1886년 완공된 동 루이스 1세 다리. 에펠탑을 설계한 구스타브 에펠

의 제자 테오필 세이리그의 걸작이다. 최상층에서는 세하 두 필라르 수도원과 케이블카가 하늘과 맞닿아 있다.

리베이라 광장의 또 다른 매력은 바로 강을 배경으로 펼쳐지는 버스킹 공연이다. 오후 햇살 아래 기타를 든 버스커들이 하나둘 자리를 잡는다. 재즈, 보사노바, 락, 포르투갈 전통음악이 어우러져 도루 강변을 수놓는다. 황혼이 지고 밤이 시작되면 주변 바에서 흘러나오는 파두(Fado)가 이곳이 포르투갈이라고 속삭인다. 영혼을 울리는 음악 파두는 포르투를 때로는 격정적으로, 때로는 애수에 젖어들게 한다. 강변의 조명이 물에 비치며 만드는 황금빛 춤사위는 파두의 완벽한 무대 장치가 된다. 이 순간만큼은 모든 여행자가 한 편의 영화 속 주인공이 된다.

미식도 큰 즐거움이다. 한낮엔 노천카페에 자리 잡고 포르투의 별미 프란세지냐(Francesinha)를 주문한다. '프랑스에서 온 작은 사람'이라는 귀여운 이름의 이 샌드위치는 프랑스의 크로크 무슈에 영감을 받

아 탄생했다. 고기 패티, 소시지, 베이컨, 치즈가 가득 채워진 뜨거운 샌드위치와 차가운 수퍼복(Super Bock) 맥주의 조화는 해 질 녘의 도루 강변을 더욱 특별하게 만든다. 강변 레스토랑 '테라 노바(Terra Nova)'에서는 창의적이고 신선한 해산물 요리와 함께 잊지 못할 저녁을 선사한다. 돌돌 만 스파게티 위에 신선한 굴과 캐비어를 올린 애피타이저, 한 마리를 통으로 삶아 부드러운 육질이 일품인 메인 문어 먹물 파스타와 고소하고 탱글탱글한 대구 파스타까지 모두 창의적이고 예술적이다. 입맛 까다로운 조카가 엄지 척을 올린 미슐랭 원 스타도 안 부러운 레스토랑이다. 한국어를 배우는 레스토랑 직원 할머니의 손녀를 위해 즉석에서 찍어준 영상 메시지는 여행의 달콤한 후식이 되었다.

매일 밤, 도루 강변은 우리에게 다른 모습을 보여주었다. 때로는 화려한 일몰과 함께, 때로는 잔잔한 달빛 아래에서. 그렇게 우리는 포르투의 일상 속으로 천천히 스며들었다. 강변의 시간은 우리에게 '여행'이 아닌 '일상'을 선물해 주었다.

Culture Tips!

1 도루 강변 풍경을 파노라마 뷰로 즐기는 방법

가이아 케이블카(Teleférico de Gaia)
빌라 노바 드 가이아 강변을 따라 언덕 위까지 운행. 도루강과 포르투의 전경을 한눈에 보여준다.

세하 두 필라르 수도원(Monastery of Serra do Pilar)
언덕 위에 위치한 수도원에서 바라보는 포르투의 전경이 일품이다. 베스트 타이밍은 석양이 질 때.

2 포르투 배경의 영화

포르토(2016)
포르투에서 우연히 만난 프랑스 여자 마티와 미국 남자 제이크가 첫눈에 반해 사랑을 나누는 운명 같은 하루를 그린 작품. 포르투의 아름다운 풍경이 잘 담겨 있다.

포르토에서의 어린 시절(2001)
포르투갈의 영화감독이자 거장인 마누엘 드 올리베이라가 고향인 포르투에서 자신의 어린 시절을 회상하며 찍은 다큐멘터리.

동 루이스 1세 다리 (Ponte de Dom Luís I)

포르투의 랜드마크. 도루 강을 가로지르며 포르투와 빌라 노바 드 가이아를 연결하는 철교. 1886년에 개통된 이 다리는 귀스타브 에펠의 제자인 프랑스의 건축가 테오필 세이리그가 설계했다. 높이 85m의 2층 구조로, 상층부는 포르투 지하철과 보행자, 하층부는 자동차와 보행자가 통행한다. 포르투의 대표적인 일몰 포인트.

 '우당탕탕' 여행 에피소드

이모는 아날로그인데 조카는 디지털 파다. 여행 내내 현지 식당, 교통편, 관광지 입장 등 온라인 사전 예약은 조카가 척척 해결했다. 현지에서 길 찾기와 시간에 맞춰 도착하는 것도 조카가 도맡았다.

#23
혼자만의
시간 속으로,

포르투

포르투에선 이모와 조카의 취향을 담은 하루 하루를 보냈다. 이제 2주 여행의 끝이 보이는 시점에서, 우리는 한없이 여유로운 포르투에서 관광객을 피해 현지인들이 사랑하는 공원으로 향했다. 자르딘스 두 팔라시오 데 크리스탈(Jardins do Palácio de Cristal). 산책을 좋아하는 이모조카는 이 공원에서 도루강과 포르투 시내를 한눈에 내려다보며 현지인들과 함께 편안한 오후를 만끽했다.

그렇게 한참을 함께 이야기를 나누고 걸으면서 공원을 즐긴 후, 어느 정도 해외여행에 익숙해진 조카와 약속한 대로 포르투에서는 각자 스타일대로 하루를 보내기로 했다. 저녁식사 때까지 각자의 자유 시간이다. 이모는 렐루서점, 갤러리, 독립서점과 재즈카페로 향했다. 조카는 예쁜 건물 사이 골목길로 언덕을 내려가며 길거리 음식과 강가 산책을 선택했다. 그렇게 우리는 공원을 나와 각자의 길로 향했다.

이모가 가장 먼저 찾은 곳은 렐루서점이었다. '세상에서 가장 아름다운 서점'이자 작가 조앤 롤링이 해리 포터의 마법 세계에 영감을 받은 곳으로 유명한 곳이다. 그 명성답게 많은 관광객들이 줄을 서 있다. 입장 예약금을 받는데, 책을 구매하면 입장료가 차감된다. 작은 서점 안에서 책보다는 사진 촬영에 열중하는 관광객들을 보니, 서점의 정체성을 지키기 위해서는 어쩔 수 없는 선택임을 이해하게 됐다. 서점 내부는 그야말로 동화 속에 들어온 것 같았다. 고전적인 실내 디자인, 1층과 2층을 연결하는 빨간 카펫을 깐 아름다운 나선형 계단, 높은 천장에서 쏟아지는 스테인드글라스의 빛. 그 순간만큼은 책보다도 그 공간 자체의 아우라에 감탄이 절로 나왔다. 때 마침 어린 왕자 콘셉트로 꾸며진 1층 쇼윈도 덕분에 더욱 동화적인 느낌이 들었다. 서점에서 포르투 도시를 그린 수채화 일러스트 북을 기념으로 샀다.

서점에서 나와, 갤러리 거리로 향했다. 포르투는 예술과 문화의 향기가 가득한 도시다. 골목마다 숨겨진 작은 갤러리와 편집숍들이 반갑게 인사를 한다. 정처 없이 걷던 중 우연히 그림책 전문서점이자 갤러리인 [Papa-Livris]을 발견했

다. 나는 늦은 점심 후 서점으로 돌아온 직원이 문을 열 때까지 밖에서 느긋하게 기다렸다. 벽을 가득 채운 그림책들 앞에서 한 권 한 권 책 속의 그림과 이야기를 천천히 음미했다. 친절한 직원 덕분에 언어의 장벽 없이 그림만으로도 이해할 수 있는 아름다운 작품들을 소개받았다. 그중 하나는 라트비아 작가 아테네 멜레세의 그림책이다. 한국에는 [키오스크]라는 제목으로 출간된 책이었다.

혼자만의 시간 속으로, 포르투

도심 속 좁은 키오스크 안에서 살며 손님들에게 물건을 팔던 뚱보 올가. 언제나 친절한 올가의 평범한 일상에 갑작스러운 사건이 발생한다. 과자를 훔치려는 아이들을 막으려다 균형을 잃고 키오스크가 뒤집히게 된다. 이 사건으로 올가는 키오스크를 들고 스스로 움직일 수 있는 능력을 발견하게 된다. 키오스크와 함께 강물에 빠진 올가는 흘러 흘러 바다에 도착하게 된다. 그리고 그녀의 로망이었던 해변가에서 아이스크림을 팔며 새로운 삶을 시작한다. 이 예기치 않은 사고는 그녀의 인생을 뒤흔들고, 전화위복이 되어 꿈을 이루는 계기가 된다.

인생을 살다 보면 누구나 평범한 일상이 무너지는 일을 경험한다. 직장을 잃을 수도, 사랑하는 가족을 잃을 수도 있고, 사업이 망하기도 한다. 그런 생의 전환기가 찾아왔을 때, 올가처럼 무한 긍정성을 가지고 새로운 모험을 떠날 수 있을까? 세컨드 라이프를 고민하는 시점에 올가를 만나니, 왜 어른들을 위한 그림책이라고 하는지 알 거 같다. 그래서 올가를 내 배낭에 담았다. "언젠가 내가 어른들을 위한 그림책을 낸다면, 그 책이 이 서점의 책장에 올려 있으면 좋겠어요." 라고 말하자, 책방 주인은 "꼭 기다리고 있겠다."고 답했다. 그날이 올까?

올가에게 일몰의 바닷가가 동경의 대상이라면, 나에겐 재즈클럽이 그러했다. 독립서점과 일러스트 숍을 기웃거리다 포르투에서 일몰 맛집으로 유명한 [미라재즈]를 방문했다. 도루강이 보이는 언덕 중턱에 자리한 이곳에서는 여름 성수기에만 라이브 재즈 공연이 열리지만, 비록 라이브는 없었어도 재즈 음악을 들으며 따뜻한 카페라떼를 즐길 수 있었다. 도루강이 한눈에 내려다보이는 야외 발코니에 앉아 석양을 보며 조용히 트래블 드로잉 노트를 꺼내 들었다. 그날의 황혼은 잔잔하게 스케치북 위에 담겼고, 그렇게 한 장소에서 오랜 시간을 머물며 그 순간을 온전히 느끼는 것도 이모가 좋아하는 여행의 한 조각이었다.

혼자만의 시간 속으로, 포르투

Culture Tips!

1. 해리포터의 탄생과 관련된 장소

- 21세기 최고의 베스트셀러 조앤 K. 롤링의 '해리 포터' 시리즈의 첫 번째 작품이 포르투갈에서 탄생했다.
작가는 1995년 책을 출간하기 전 포르투에서 영어 교사로 일하며 소설가의 꿈을 키웠고 실제로 포르투에서 해리포터를 집필했다.

렐루 서점(Livraria Lello)
세계에서 가장 아름다운 서점 중 하나.

마제스틱 카페(Majestic Cafe)
세계에서 가장 아름다운 카페 중 하나.

코임브라 대학교(Universidade de Coimbra)
유네스코 세계유산에 선정.

2. 맥도날드 포르투 매장

세계에서 가장 아름다운 맥도날드'로 알려졌다. 1930년대 카페 임페리얼(Cafe Imperial) 건물을 리모델링한 아르데코 스타일의 고풍스러운 디자인이다. 건물 외부엔 큰 청동 독수리상이 있고, 궁전같은 내부는 화려한 샹들리에와 커피 문화를 테마로 한 스테인드글라스가 인상적이다. 포르투갈의 전통 샌드위치인 프란세지냐의 현지버전도 특선메뉴로 판매한다.

3 [해리포터] 작품 속 명언

"죽은 자들을 불쌍히 여기지 마라.
산 사람들을 불쌍히 여겨,
무엇보다 사랑 없이 사는 사람들을 불쌍히 여기렴."

[해리 포터와 죽음의 성물]
- 덤블도어가 해리에게 진정한 연민의 의미를 설명하는 대사. -

"우리의 능력이 아니라 우리의 선택이
진정한 모습을 보여준다."

[해리 포터와 비밀의 방]
- 덤블도어가 해리에게 선택의 중요성을 강조하는 대사. -

4 '우당탕탕' 여행 에피소드

이모는 세상에서 제일 아름다운 서점 '렐루서점'의 상징적인 스테인드글라스 아래 곡선 계단을 오르내리며, 수많은 이야기의 주인공들을 만났다. 그때 조카는 세상에서 제일 아름다운 맥도날드 매장에서 화려한 샹들리에와 스테인드글라스 아래에서 포르투에서만 맛볼 수 있는 현지 메뉴를 맛봤다.

#24
스페인과 포르투갈의
성당에서

조카는 마드리드와 톨레도, 세비야를 여행하고 나서부터 "이제 성당은 그만~!"이라고 외쳤다. 비신앙인인 조카는 처음에는 성당의 웅장함과 그곳에 가득한 예술적 요소에 감탄했다. 그렇지만 여러 도시를 돌며 점점 비슷하게 느껴지는 성당의 모습에 별 감흥을 못 느끼기 시작했다. 수백 년 전에 지어진 건축물들이 지금까지 관광경제의 중심에 있다는 점이, 변화와 발전을 추구하는 MZ세대인 조카에게는 새로움이 부족하고 느리게만 느껴졌던 것이다.

하지만 이모는 달랐다. 코로나 시기인 2022년 8개월간 예비신자 교육을 마친 후, 이모는 여행 출국 당일 세례명 '체칠리아'를 받고 천주교 신자가 됐다. 독실한 가톨릭국가인 스페인과 포르투갈의 성당을 방문하는 일은 이모에겐 동시성을 경험하는 순간들이었다. 성당의 크고 화려한 성물도 감탄스러웠지만, 무엇보다 일상 속에 자리 잡은 소도시의 오래된 성당의 주말 미사에 참여하고, 도시를 탐방하다 지친 몸을 잠시 쉬기 위해 성당에 들러 기도하는 작은 순간들이 이모에게는 위안이었다.

여행의 마지막 날, 귀국 비행기를 타기 전 이모와 조카는 마드리드 대교구 대성당인 알무데나 대성당을 찾았다. 성당은 '백색의 제왕'이라는 별명을 가진 화려한 마드리드 왕궁 옆에 있다. 스페인의 수도가 톨레도에서 마드리드로 옮겨지면서 지어진 성당은 무려 100년 이상의 시간을 거쳐 1993년에 완공되었다. 특히 성당 안에 모셔진 '알무데나' 성모상에 얽힌 이야기가 인상 깊었다. 이슬람 군대의 마드리드 점령 당시, 성모상이 파괴되는 것을 두려워한 신자들이 성벽 속에 성모상을 숨겼다. 380년이 지난 후, 알폰소 6세가 마드리드를 재정복할 때, 성모상이 숨겨진 장소를 기도하며 찾았고, 결국 성모상이 발견됐다. 그 후 성모 마리아는 마드리드의 수호신으로 자리잡았다.

또 하나 잊을 수 없는 성당은 세비야 대성당이었다. 이슬람 사원이 있던 자리에 세워진 성당은 스페인 최대이자 세계에서 세 번째로 큰 성당으로, 그 웅장함이 눈부시게 빛났다. 특히 80년에 걸쳐 만들어진 황금의 주제단은 예수님의 생애를 보여주는 45개의 장면을 금빛으로 입힌 작품이었다. 무게 1.5톤에 달하는 금빛 주제단은 스페인의 대항해 시대의 황금기를 상징하는 듯했다. 그곳에 모셔진 크리스토퍼 콜럼버스의 관. 이탈리아 출신 항해가로서 스페인 이사벨 여왕의 전폭적인 지지를 받아 신대륙을 발견했지만, 죽어서도 스페인 땅을 밟지 않겠다는 그의 유언은 콜럼버스의 복잡한 마음을 잘 보여주고 있었다. 네 명의 왕들 중에서 그를 지지했던 네 개 나라의 왕들은 당당하게 관을 메고 있는 반면, 그를 냉대했던 나라의 왕들은 고개를 숙이고 있는 모습에서 역사의 아이러니가 엿보였다.

조카는 세비야 대성당보다 바로 옆에 위치한 이슬람 성채인 알카사르의 매력에 더 빠졌다. 월트 디즈니의 만화영화 '백설공주'의 배경이 된 이 성채는 페드로 1세 왕이 그라나다 알함브라 궁전을 본떠 사랑하는 연인을 위해 지은 곳이었다. 오렌지 나무와 열대 식물이 가득하고, 패턴 타일로 장식된 실내 정원은 조카에게 무척 매력적인 장소였다. 여행에서 조카가 가장 많이 사진을 찍은 곳이 바로 이곳이었다.

이모가 성당의 성모상을 바라보며 세례의 순간을 떠올릴 때, 조카는 콜럼버스의 관을 보며 미지의 세계로 탐험을 떠난 모험가의 이야기에 감탄했다. 그렇게 우린 같은 성당에서 각자의 모험을 떠났었다.

Culture Tips!

 이모조카의 성당 Pick! 황금제단(Retablo Mayor)

세비야 대성당의 황금 제단
세계에서 가장 큰 목조 제단. 15세기부터 16세기까지 수십 년에 걸쳐 완성된 이 제단은 스페인의 바로크와 고딕 양식이 결합된 독창적인 작품이다. 금박으로 덮인 정교한 목조 조각으로, 약 44개의 성경 장면이 층층이 배치되어 예수와 성모 마리아의 생애를 묘사한다. 제단의 중심에는 성모 마리아와 아기 예수상이 있다. 금빛 제단은 성당 내부를 환하게 밝히며, 웅장함과 신비로움을 동시에 선사한다.

톨레도 대성당의 황금 제단
스페인 가톨릭 건축과 예술의 정수로, 고딕 양식의 섬세함과 바로크 양식의 화려함이 어우러져 있다. 이 제단은 성경 속 주요 장면과 예수의 생애를 목조와 금박으로 정교하게 표현한 다층 구조로, 중앙에는 성모 마리아의 모습이 장식되어 있다. 제단 위의 조각들은 천상의 장면을 연상시킨다.

 콜럼버스의 유언

콜럼버스가 "죽어서도 스페인 땅을 밟고 싶지 않다"는 유언을 남긴 이유는 그의 생애 동안 겪었던 고난과 스페인 정부에 대한 실망감 때문이다. 그는 이사벨 여왕의 지원을 받아 신대륙을 발견했지만, 이후 원주

민에 대한 가혹한 대우와 탐험의 실패로 비난을 받았다. 이사벨 여왕이 사망한 후, 콜럼버스는 더 이상 지위를 인정받지 못하고 외롭게 노년을 보냈다. 그의 개인적 고통과 배신감은 유언에 반영되어, 세비야 대성당에 안치된 그의 관은 네 명의 왕이 어깨에 맨 형태로 설계되었다. 이 왕들은 당시 스페인을 구성했던 카스티야, 레온, 아라곤, 나바라를 상징한다. 콜럼버스의 항해를 지지한 두 명의 왕은 앞에서 웃는 얼굴로, 반대한 두 명의 왕은 뒤에서 찡그린 모습으로 관을 들고 있다.

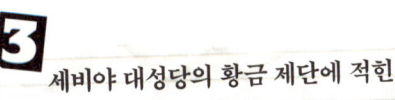 세비야 대성당의 황금 제단에 적힌 문구

"대성당의 영광"
(Gloria del Altar Mayor)

"성모 마리아, 저희를 위하여 기도하소서"
(Sancta Maria de la Sede, intercede por nosotros)

 '우당탕탕' 여행 에피소드

이모 '체칠리아'는 예수님과 성인을 그린 명화와 스테인드글라스, 아기 예수탄생의 장면을 담은 벨렘의 이야기를 발굴하느라 시간 가는 줄 몰랐다. 이모에겐 성당이 스토리의 보물창고이자 미술관이였다. 비신도인 조카는 알카에다 궁전의 미로와 이국적인 정원이 들려주는 이슬람 정복자의 스토리에 빠졌다. 이모조카 모두의 눈길을 동시에 잡아 끈 건 화려하고 존재감 넘치는 성당의 황금제단이었다.

#25
'집돌이' 조카와
'꼴라주' 이모

포르투의 마지막 숙소. 2층짜리 에어비앤비는 우리 여행의 완벽한 엔딩 크레딧이었다. 1층의 넓은 거실과 조카의 안락한 침대, 2층 이모의 사적인 공간까지. 우리에게 딱 맞는 숙소였다. 숙소가 바뀔 때마다 달라지는 건 창 밖 풍경 뿐, 우리의 일상은 늘 비슷했다. 조카의 주 활동무대는 포근한 침대, 이모의 활동무대는 꼴라주 작업실로 변하는 테이블이었다.

매일 밤, 나는 그날의 기억들을 꼴라주로 담아냈다. 포르투 도루강의 황금빛 윤슬도, 세비야 플라멩코 댄서의 물결치는 빨간 드레스도 모두 꼴라주 작업을 하는 영감의 원천이었다. 와인 투어에서 얻은 포도주 찌꺼기도 물감이 되었다. 때로는 길거리에서 받은 팜플렛 하나, 카페의 냅킨까지도 소중한 재료가 되었다.

조카가 피식거리는 웃음 소리를 들었나 보다.

"이모, 또 뭘 그리세요?"

침대에 파묻혀 스마트폰을 들여다보던 조카가 고개를 들었다. 마침

거실 테이블에 앉아서 와인 찌꺼기를 꾹꾹 눌러 트래블 드로잉 북에 색을 입히는 중이었다.

"기억나니? 오늘 와인 투어에서 와인통에서 빠져나오려고 슬랩스틱 코메디가 펼쳐졌던 거? 그 장면이 자꾸 생각이 나서, 기억을 잃어버리기 전에 그림을 그리는 중이야."

조카도 맞장구를 치면서 웃는다.

"근데 이모는 진짜 대단해요. 난 그냥 편하게 누워있는 게 좋은데…"

파자마 차림으로 베개를 끌어안은 조카가 말했다.

조카의 말대로였다. 우리의 하루는 전혀 다른 템포로 흘러갔다. 리스본의 아침, 나는 트램을 타고 포르투갈의 감성을 찾아 서둘러 나설 준비를 하는데, 조카는 아직도 이불 속에서 뒹굴거리며 "조금만 더…"를 외쳤다. 조카의 모습에선 아직도 등교하기 싫어서 '5분만 더!'를 외쳤던 학창시절의 청춘이 느껴진다.

우리는 각자의 방식대로 하루를 마무리했다. 세비야의 저녁, 플라멩코 공연을 보고 돌아온 후, 나는 플라멩코 댄서의 열정이 식기 전에 티켓을 찢어 붙이면서 그대로 꼴라주북에 두엔데의 기억을 담았다. 편안한 와인 &

꼴라주의 시간이다. 그 때 조카는 이미 샤워를 하고 파자마 차림으로 침대에 누워, 서울에 있는 친구들과 게임을 하고 있다. 편안한 채팅 & 게임의 시간이다.

그런데 이 숙소에서의 평화로운 시간이 여행에서 좋은 기억으로 남아 있다. 우리 여행의 기억들은 이모의 꼴라주북에는 손끝으로 만져지는 추억들로, 조카의 휴대폰 갤러리에는 이국적인 풍경의 사진들로 저장됐다. 하지만 가장 특별한 건, 이모와 조카가 서로의 다름을 이해하고 존중하며 보낸 그 편안한 시간들이다.

Culture Tips!

1. 숙소 선택시 고려할 점

- ✓ 위치: 주요 관광지, 대중교통 접근성, 식당가를 고려하자.
- ✓ 가격: 예산에 맞춰서 적절한 숙소를 찾자.
- ✓ 유형: 선호하는 여행 스타일에 따라 호텔, 에어비앤비, 민박 등을 고르자.
- ✓ 편의시설: 세탁기, 무료 Wi-Fi, 주차공간 등을 확인하자.
- ✓ 리뷰와 평점: 리뷰와 평점이 높은 숙소를 택해야 후회하지 않는다.

2. 여행의 추억을 기록하는 시각적인 방법

사진 촬영
풍경, 음식, 인물 사진을 찍을 때, 다양한 포즈와 구도를 시도해보자.

여행 일기
여행지에서의 감상이나 경험을 짧은 일기나 메모 형식으로 남겨보자.

드로잉
그림 그리는 과정에서 순간에 집중하고, 기억을 더욱 생생하게 남기게 된다.

콜라주
티켓, 엽서, 사진 등 현지에서 구한 소재로 시각적으로 풍부한 새로운 여행 작품을 만들어보자.

동영상
동영상은 생생한 여행 경험을 공유할 수 있다.

포토북
실물로 간직하는 사진 여행집이다.

SNS
여행 사진과 이야기를 소셜 미디어나 블로그에 올려 다른 사람들과 공유하자.

서로를 발견하는 여행에 대한 문구

"우리는 처음 자기 자신을 잃기 위해 여행을 한다.
그러고 나서 우린 자기 자신을 찾기 위해 여행을 한다."
– 피코 아이어 –

"여행을 통해 홀로 있음을 알게 되고, 홀로 있음을 통해
세상과 연결되는 법을 배운다."
– 류시화 –

4 '우당탕탕' 여행 에피소드

한밤중 마드리드의 호텔. '똑똑'. 방문을 여니 피곤한 얼굴의 낯선 남자가 서있다. 긴 여행에 피곤한 조카가 그날 유난히 코를 심하게 골았다. 옆방 투숙객이 참다 참다 문을 두드렸다. 미안하기도 하고 황당하기도 하고… 곤히 자는 조카를 깨울 수 없어서, 조카 얼굴을 두꺼운 이불로 살포시 덮어줬다. 조카는 군입대를 앞두고 코골이 시술을 고려할 정도로 고민이다. 그래서 살도 빼고 있는데… 조카, 음~ 심각하긴 심각하다.

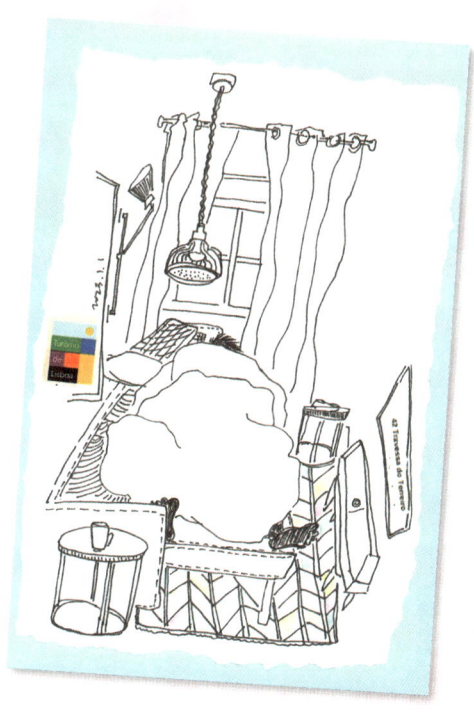

#26
여행의 피날레,
캐리어 분실

마드리드에서 이스탄불을 거쳐 서울로 돌아오는 비행기. 그야말로 아름답게 끝날 것 같았던 여행의 마무리였는데, 이 모든 것은 결국 짐 하나로 뒤집혔다. 여행 중 최대한 짐을 가볍게 하려고 2주 내내 기내용 캐리어 하나만 끌고 다녔다. 그런데 비행기에 타고 보니 머리 위 캐빈은 이미 다른 사람들의 짐으로 꽉 차 있었고, 우리 짐을 실을 수 있는 공간이 없다. 우리 앞 팀도 같은 상황이다.

곤란한 표정의 승무원이 다가오더니 "짐이 너무 많아서 일부는 화물칸에 실어야 할 것 같다."라고 말한다. 어쩔 수 없이 우리 짐을 넘겼지만 불안한 마음이 가시질 않는다. 대충 서둘러서 짐만 챙기는 모습을 보며, 이 짐들이 무사히 서울에 도착할 수 있을까 하는 의구심이 들었다. 찝찝한 마음으로 표식을 요청 하니, 좌석 바코드만 달랑 찍힌 표를 건네줬다. 왠지 예감이 좋지 않다.

이스탄불 공항에 도착하자마자, 짐은 제대로 있는지 물어봤다. 담당 직원은 우리 짐은 서울행 비행기 편에 잘 실렸으니, 걱정하지 말라고 한다. 재차 정확한 확인을 요청했다. 전화 통화를 몇 번 하더니, "걱정 마세요. 지상 직원이 집으로 짐을 보내줄 겁니다."라고 말한다. '잠깐, 집? 인천공항이 아니라?' 결국 내 불안은 현실이 됐다. 인천공항에 도착하자마자 우리 이름이 안내방송으로 불렸다. 짐 분실 센터로 오라는 안내다.

분실 센터의 직원은 이스탄불에서 우리 캐리어가 실리지 못했다고, 다음 날 항공편으로 배달될 예정이라고 했다. 서류를 작성하던 나는 캐리어를 쉽게 찾을 수 있도록 특징을 적으라고 하기에, 이스탄불 항공의 빨간 기내용 양말을 묶었다고 적었다. 조카는 그냥 가방 브랜드 명만 간단히 적었다.

그렇게 나는 겨울의 냉기 가득한 인천공항에서 따뜻한 겨울 외투도 없이, 맨몸이나 다름없는 실내복 차림으로 집으로 돌아가야했다. 여행 내내 작업한 여행 스케치북과 아이패드도 모두 캐리어에 있는데…. 이 상황이 어이없어, 조카와 마주 보고 헛웃음을 터뜨렸다.

다음날에도 짐은 오지 않았다. 그다음 날에도… 빨간 양말을 매단 채 스페인과 포르투갈의 언덕을 그렇게 신나게 달리던 내 캐리어는 이스탄불 공항 어딘가 구석진 방에 다른 분실물과 함께 있을 텐데… 몇 날 며칠을 마음고생 시키더니, 내 짐은 빨간 양말 덕분인지 다행히 일주일 만에 돌아왔다. 빨간 양말이 없었더라면 내 짐은 지금도 어딘가

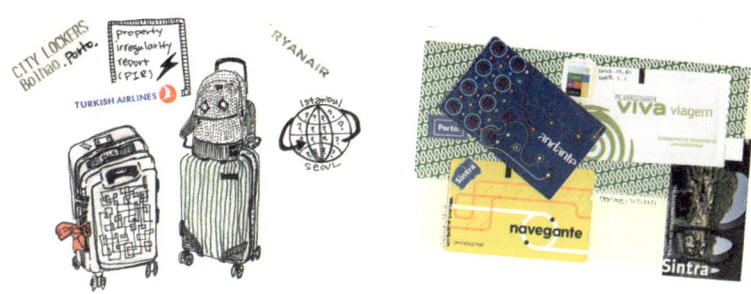

에서 길을 잃은 채 남아있었을지 모른다. 조카의 짐은 그보다 더 오래 걸렸다. 결국 포기하고 항공사와 분실 보상을 진행하던 중, 한 달 반 만에 조카의 캐리어가 거짓말처럼 도착했다. 그 소식을 듣고 조카와 나는 전화 통화로 합창을 했다. "그렇지~ 여행은 해피엔딩이지!"

이렇게 이모와 조카의 우당탕탕 스페인 포르투갈 여행은 짐과의 술래잡기 게임으로 마무리되었다. 아직도 머릿속에서는 빨간 양말을 단 캐리어가 유럽의 도시들을 비행하는 모습이 그려진다. 이 경험은 평생 이야기할 추억으로 남을 거다. 마치 20대 때 여동생들과 함께 한 유럽 배낭여행의 우당탕탕 에피소드를 여전히 이야기하듯. 이제 조카와의 짐 분실 사건이 가족 모임 때마다 빠지지 않을 웃음거리로 남게 될 것이다. 이런 해프닝이야말로 여행의 진짜 묘미겠지. 그래, "트러블 없는 트래블은 트래블이 아니다."

이모조카는 앞으로도 돈키호테와 산초처럼 빨간 양말을 단 여행 가방을 들고 여행을 떠날 거다. 그리고 그 모험의 끝은 언제나 웃음으로 기억될거다. 그렇지, 조카?

Culture Tips!

 기내 짐 분실 신고시 대처방법

공항에서 분실 신고서 작성
도착공항의 항공사 수하물 데스크에서 분실 신고서를 작성하자.

필요한 정보 제공 및 증빙자료
구체적인 여행 정보를 기입하고, 수하물 확인증과 보딩 패스를 잘 보관해두자.

배달 및 보상
일반적으로 며칠 내에 집으로 배달된다. 정말 분실된 경우는 항공사에 보상을 요청한다. 여행자 보험을 들었으면 보상을 청구하자.
항공사마다 신고절차가 다르니, 항공사 홈페이지에서 자세한 내용을 확인하자.

 여행에 대한 명언

"충분히 멀리 여행하면 자신을 마주하게 된다."
– 데이비드 미첼 –

"진정한 발견의 여정은 새로운 풍경을 찾는 것이 아니라,

새로운 시각을 갖는 것이다."
- 마르셀 프루스트 -

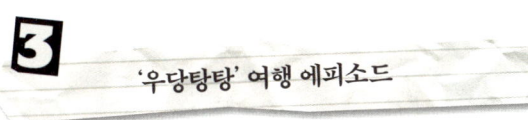

'우당탕탕' 여행 에피소드

포르투 미식 투어에서 만난 20대 두 청년은 조카 또래였다. 둘 다 제대 후 몇달 째 솔로 배낭여행 중이었다. 대견하고 다부지다. 약간의 어색함과 낯섦으로 내향형 조카는 말수가 적었다. 감자칩을 동시에 잡는 세 청년의 손 중에, 조카의 손이 유독 하얗고 오동통하다. 여전히 아기손이다. 여행이 끝나고 군대를 다녀오면 이 손도 까맣고 다부지게 변하겠지? 첫 조카라 이모가 기저귀도 갈아주고 목욕도 시켜줬는데… 오동통한 조카의 말랑말랑한 어린 날도 이젠 안녕.

300 *Epilogue.*

스페인 볕씻 아래 코리츄 산동

첫 손주 재화가 태어나고 아버지는 참 많이 변하셨다. 손주를 품 안에 안고 아버지는 새로운 사랑을 배우신 거 같았다. 아버지는 젊은 시절 바빠서 못한 자식들의 육아를 대신해 손주 육아에 적극적으로 동참하셨다. 안방도 내어주시고, 똥 기저귀도, 목욕도 마다하지 않으셨다. 그 큰 품에 작은 아이를 안고 우유 먹이실 때의 행복한 미소가 아직도 선명히 기억이 난다.

책임감 강한 아버지에게 손주는 조건 없는 사랑의 대상이었다. 어린이집에 다니는 손주가 보고 싶다며 이런저런 핑계로 데리러 가시던 아버지. 운전대를 놓지 않으시던 아버지가 운전만 하면 투덜거리던 큰 딸에게 운전대를 맡기고, 손주를 안고 조수석에 앉아 세상을 구경시켜 주시던 날들. 그때가 아버지의 행복한 순간이었을까? 할아버지와 손주는 서로의 '절친'이었다.

간암 말기로 아버지가 호스피스 병동에 계실 때, 손자는 학교가 끝나면 항상 찾아왔다. 그리고 말없이 할아버지 손을 꼭 잡고 병상 옆을 지켰다. 아버지의 마지막 순간이 왔다. 수업 중에 전화를 받고 급하게 달려오는 손자. 아버지는 마지막까지 힘겹게 버티셨다. 모두 애타게 재화가 늦지 않게 오기만을 기다렸다. 헐레벌떡 숨 가쁘게 달려온 손자가 할아버지의 손을 잡았을 때, 그제야 편안히 눈을 감으신 아버지. 역시나 마지막까지도 가족에 대한 깊은 사랑과 불굴의 의지를 보여주신 나의 아버지였다.

아버지, 큰 딸과 큰 손주의 여행 이야기예요.
아버지도 우리 여행을 보고 계셨죠?
아버지 손주 재화가 이제 다 커서 오늘 제대를 해요.
아버지 딸은 이제 제멋대로 인생 2막을 시작해요.
언제나 자랑스럽고 그리운 아버지.
이제 아무 걱정 말고 평안하세요.

2024년 12월 12일
아버지를 그리워하며
큰 딸

publisher　　instagram

스페인 별빛 아래 꼴라주 살롱

초판 발행 2024년 12월 12일
지은이 홍종희　**사진** 김재화　**꼴라주** 홍종희
펴낸이 최대석　**펴낸곳** 행복우물　**출판등록** 307-2007-14호
등록일 2006년 10월 27일
주소　a1. 서울특별시 종로구 종로1길 50 더케이트윈타워 B동 위워크 2층
　　　　a2. 경기도 가평군 경반안로 115
전화 031-581-0491　**팩스** 031-581-0492
전자우편 book@happypress.co.kr
정가 20,000원　**ISBN** 979-11-94192-19-0